让生命合格

李小军 著

湖南教育出版社
HUNAN EDUCATION PUBLISHING HOUSE

图书在版编目（CIP）数据

让生命合格/李小军著.—长沙：湖南教育出版社，2018.8
（2019.6重印）
ISBN 978-7-5539-6271-9

Ⅰ.①让… Ⅱ.①李… Ⅲ.①中学教育—教学研究 Ⅳ.①G632.0

中国版本图书馆CIP数据核字(2018)第175808号

RANG SHENGMING HEGE
让生命合格

李小军 著

责任编辑 彭 霞 张艺琼
责任校对 殷静宇 丁泽良
出版发行 湖南教育出版社（长沙市韶山北路443号）
客 服 0731-85118546
经 销 全国各新华书店
印 刷 长沙金鹰印务有限公司
开 本 787×1092 1/16
印 张 16.5
字 数 224 000
版 次 2018年8月第1版
印 次 2019年6月第2次印刷
书 号 ISBN 978-7-5539-6271-9
定 价 58.00元

阅读李小军

＊李山林

阅读李小军的随笔就如同阅读李小军。

我可能是《让生命合格》这本书稿最早的一个读者。早在 2015 年暑假我到湖南师大作国培讲座，小军就将这本他自己编印的书稿赠予我，请我写点评价，并准备出版。后来他忙，估计出书也不急，出版的事就拖延下来。我当时读了一遍，并随手记下了一些感想，没有成文，他也没催，也就拖延下来了。看来有时候慢一点，延滞一点也不坏。今年 7 月，小军向我报喜，他的这本书荣获湖南省中小学教师队伍建设"双百工程"二等奖，书稿由湖南省教育厅支持出版。这是"从前慢"带来的福利，我这种想法虽然有点荒唐，但我为他感到高兴。这个二等奖含金量是颇高的，第一，这是首届；第二，著作类一等奖只有 3 部，二等奖才 5 部，小军作为一个普通中学的普通老师在众多竞争者中能脱颖而出，可见这本书的质量和分量。书稿出版在即，小军向我求序，我再也不能慢了。

《让生命合格》是一本教育随笔集，有一个副标题"一位年轻班主任的工作手记"。这让我们自然想起李镇西的《爱心与教育：素质教育探索手记》，尽管后者名气很大，小军现在还默默无闻，但都是一个独特的存在，都有各自的价值。理论研究不乏雷同重复，而教育随笔是教育个体生命独特形式的展现，正像"世界上没有两片完全相同的树叶"，生命个体是无法重复的。这就是教育叙事的魅力。不仅如此，教育叙事还自有它超越理论研究的价值。我在阅读小军的书稿中随手记下了这样的感想："也许，文章中所表达的教育理念并不新鲜，诸如要'给学生留有空间''重视学生的不满''尽力保护学生的心灵''教育应该有感动''教育需要仪式''集体是教育的工具'等，但都出自作者在教书育人实践中的真切体悟。这些常规的教育理念在他的教育叙事中变得鲜活起来，充满了感性的汁液，而这些感性的东西所包含的价值是任何一个简单的理念都无法完全概括的。任何理论都是从实践中抽象出来的，这些抽象在提纯现象和事实的同时也舍弃或丢弃了许多有价值的东西。在某种意义上，理论永远也无法解释事实的全部，理论也永远无法穷尽事实的价值。这也就是我们常说的，理论是灰色的，实践之树长青。这也就是教育叙事在教育研究中相对于纯理论研究的独特魅力之所在。在小军的教育叙事中，我对这句话的理解尤为亲切。"

阅读小军的书稿，我感到他的教育叙事有如下一些特征。

小军的教育叙事是真的，真得就像教育生活本身。小军每天写班级日志，这本书就是他班级日志的选集。这保证了所叙之事、所记之感的即时性和原生态。从书稿文章的排列顺序看，展现了作者三年来带一个班从接手到毕业的全过程。书的内容编排没有内在的逻辑联系，但却呈示着作者作为班主任心路历程的轨迹。正如作者"后记"中说的："这里面记载了我在育人道路上最初的苦痛、挣扎、彷徨、思考、欣喜、感恩、成长。"小军叙事的真还体现在他所记之事不全是成功的范例，如《这个怪人》《从未有过的挫败感》《转学风波》《教室里那张快要掉下来的标语》等篇，所记的是教育的失败与无奈。也许，小军在乎的不是失败和成功的结果，而是班主任工作和思考的真实过程。唯其如此，他才不去着意选择和提纯，尽量保持着教育生活的原汁原味。但教育生活的真不等于记流水账式地照抄生活，这一点小军有清醒的认识，他曾引用朱永通《教育细节》中的话："教育细节不是一件件事情的简单堆砌，也不是对诸事吹毛求疵，它涵盖了你对生活和世界的热度，它的背后藏着你的情感和价值观。"小军的教育叙事往往于真实的生活细节的描述中饱含着真挚的情感，闪烁着真切的认知。在《那一声，老师辛苦了》中，全班学生的一声偶尔的问候，感动了老师逐渐疲倦麻木的心，并进而悟出"教育者最应该学会温情的守候，要有静听花开的优雅心态"。其细节之真，情感之真，认知之真，自然贯通。

小军的教育叙事是善的。善是一个道德范畴，属于社会学的概念。善是人类个体之于社会整体的一种精神和行为规范，是个人对社会的一种有益的价值取向。教育既要顾及社会也要顾及个体，要促进二者的和谐，教育必须对个体和社会都是有益的，教育必须是善的。在小军的教育叙事里充满着善的精神。

小军教育叙事的善首先来自他对教育的美好理想，一种不屈就于严峻现实的教育"乌托邦"。在《教育应该有感动》中，作者向往孔子时代敬畏知识、心灵互融的教育，向往民国时代师生谈笑、读书明志的氛围，而对当下存在的过于功利、缺少幸福感的教育现象表达了鄙弃。在"后记"中，作者直抒自己的教育理想：

一直以来，我都渴望过上一种诗意与幸福的教育生活，在这种生活中，教师和学生的关系是平等和谐的，教师和学生在德业上互相砥砺，在学识上相互促进，在生活中互敬互爱，教师只是作为一个先行者，指引着学生朝向幸福人生的方向前行。教师不再是只单纯地付出和奉献，而是在成就学生的同时也实现自己的有为人生。教师不再是将自己作为祭品摆在神圣的祭坛上，而是回归真实的人生，有着真切朴素且有尊严的当下生存。师生都能够不再为单纯的功利和成绩而疲于奔忙，而是各自奋力地攀登在自己心属的领域。在我的文字中，我无数次地提到过自己的教育"乌托邦"，虽不能至，心向往之。

教育不应该只局限于知识学习、考试训练的逼仄空间，更应该是一种诗和远方的引领，教育的大地虽然严峻，但不能失却理想的天空。

小军教育叙事的善还来自他的教育智慧，来自他对教育理想的践行。《"策"字说人》的旁敲侧击，迂回教育，《尽力保护学生的心灵》中对学生考后心理的体察和故意"装傻"对违纪考生的低调处理，《捍卫学生的美好情感》中对学生"早恋"问题的教育策略，这些都显示着教育者的教育智慧。作者的教育智慧还体现在对教育现象的敏感和深入独到的批判性思考。作者勤于学习，善于吸纳，对现有理论不盲从，而是结合现实问题，融入自己新的思考。如《给学生留有空间》对企业管理理论的合理吸纳，《教育管理要关注细节》《请家长是万能的吗》《"畏"还是"敬"》等篇对班级管理的思考，无不闪烁着教育的智慧之光。

小军不仅仅是思考者，还是一个很有教育执行力的行动者。阅读本书，可看到叙事主人公是一个对教育充满了热爱，倾注了无限深情的勤勉敬业且智慧的教育工作者。他制定的"特殊班规"，他"碎碎念"的教育常态，"慢慢敲"的教育方式，"静静看"的教育态度，还有他《写给月考作弊学生的一封信》、家校信息单、班级日志等，都彰显着他对教育理想的践行。他的这些辛勤的劳作和无私的心血都化作榜样的力量影响着、激励着他的学生。

小军的教育叙事是美的。美是一种感动人的力量。小军的教育叙事具有一种朴实的美。这种美来自于真，内容的真实、情感的真挚和不时闪耀的真知灼见极具感染力；这种美来自于善，作者对教育的热情和理想以及践行的姿态足以感动人心。小军的文字也具有质朴的美，修辞立诚，诚挚的内心自然长出质朴的语言，没有浮言丽辞，没有高谈阔论，有的是紧贴事实的朴素叙述，紧扣思想的直接论说。"我当时心里那种难受如同被人当众抽了巴掌，但还是愣愣神，克制住自己，继续把早读课上完。做教育工作这些年，我渐渐学会克制，务必克制，否则冲动可能激发更深的师生矛盾，反而不利于教育工作的开展……教育要学会'磨'，不停地艰难地持久地'磨'。"这样的语言是思想的自然流露和直接表达，无须修辞，也自有一种质朴的力量。

真善美是小军教育叙事的三个特征，也是他的教育追求，亦如他的人——一脸的诚挚、一心的善念、一身的质朴。

小军是我的学生，我是他读本科时的班主任。当时我对小军的了解止于他对书法的热爱，在一次班级活动中，他展示他的书法，后来他还把他的书法作品装裱好送给我。进一步的了解是在他毕业一年后的2009年，他那时分配在邵东一中做语文教师，想不到一年的时间他就真正是爱情事业双丰收，他结婚了，他出书了。在参加他的婚礼时，他送了我一本他自己编印的小书《教师：我的最高荣誉》，在他爱人写的后记中，我才更多地认识了他的丰富、他的勤勉、他的执着。他还钻研书法，今年还在网上开设了书法讲座。他心仪的专业是新闻与传播，曾经在主持人大赛中获过奖，但当他以 2 分之差失去新闻与传播的读研梦想时，他当了一个语文教师。从此他义无反顾，矢志不移，以奋进者的姿态走在教育的朝圣路上。不到十年，小军完成了从一个教学新手到一个研究型教师的突变。小军的进步是令人惊喜的，也使人对他的未来充满期待。我做过一个关于"语文湘军"的课题，有一个很深的感触就是湖南的语文教育的现实地位与历史上湖南语文教育的辉煌是不相称的。目前，湖南还少有在全国具有影响力的语文名师，我在前面把《让生命合格》与李镇西的《爱心与教育》相提并论，私心里就有激励小军之意。

《让生命合格》分为"理解生命""呵护生命""弘扬生命""成就生命""升华生命"五个专题，是小军思考"生命教育"的系列随笔。生命的形态是丰富多姿的，生命既是沉重的又是轻盈的，生命既有不能承受之轻，也有不能承受之重。小军对生命教育的思考是个人视域的，他把自己当作叙事对象，以自己作为参照系来观照教育现象，因而他的教育叙事带着他的秉性、他的思维和他的生活遭际的印记。小军的教育叙事因其强烈的事业心和责任感不免有些过于沉重。同时，小军尽管于繁忙的工作之余也在努力读书，但因时间的关系其思想资源的积累明显不富，因而对教育思考的深度和广度就略显不足，文字表达上也太过粘滞于对象而显得过于质朴，缺少灵性和灵动。期望小军随着历练的增加和知识学养的累积进步，走向教育的大视野、大情怀、大境界。

是为序。

2017 年 11 月 30 日于湖南科技大学

目 录

理解生命

呵护生命

弘扬生命

成就生命

升华生命

后　记

理解 生命

　　理解生命，就是要站在对方的生命立场，真诚地为学生着想，尽可能地取得教师与学生生命的融通，从而促进学生的成长、教师的成熟。

想说爱你不容易

　　LZJ 在刚入学军训的时候我就注意到了。长得高高大大，思维活跃，和老师说话没有一点敬畏之色，全然一副无所谓的样子，生活习惯也懒散拖拉。有一次我看到他集合的时候慢慢吞吞、懒懒散散的样子，故意很生气地训斥了一句："军训也这样子，简直无组织无纪律！"我以为他多少会收敛一些，没想到，他竟然回我一句说："老师，我一向就这个样子，以前初中的时候校长管我，我把他的桌子掀了。"他说这话的时候，那副洋洋得意的神情，好像公开告诉我，你别想把我怎么样，我是有前科的，我是老大我怕谁！

　　这就是 LZJ 给我的第一印象，所以首先拿下这个"刺儿头"成为我接手这个新班的重要工作之一。为了"治住"这个孩子，我就想，他以前掀过校长的桌子，这说明这样的孩子用以暴制暴的方法肯定是行不通的，要以柔克刚，于是我用了一种极其原始的办法，你不是管不住自己吗？好，我就让你管别人，让大家来监督克制你。

　　军训结束后，我就让 LZJ 当了班里的纪律委员。还别说，刚开始的确很管用。他积极性很高，把班里的事情管得井井有条，因为他那气势，班里纪律被他一管，还多少有点起色。年级组长有一天很高兴地跟我说，李老师，你这个纪律委员选得好，负责着呢。

正当我为自己的小聪明洋洋得意的时候，这孩子终于撑不住了，老毛病又开始渐渐回到他的身上。首先就是迟到，几乎每次自习的迟到名册上都有他。接着就是上课睡觉，睡得浑然不觉。有次在我的课上也照样呼呼大睡，把他点醒，还狡辩说，我没睡，只是趴了一会儿。

我一时想不出辙来，但是深知不能操之过急，要耐心地磨磨他的性子。于是就只让他写检查，连续写了两次检查，我看他的认错态度还不错，就郑重地告诉他，老师已经原谅你了，但是不能让老师失望。毕竟不能把他逼得太狠，否则，这孩子还会回到老路上去，必须让他知道老师在关注他，并且是真心实意地想让他进步，然后一步步改变他。

这一天，我又看到他在课堂上睡觉，这次我着实有点生气了，因为他的检查书和保证书前几天刚刚交过，我们彼此的"约定"也言犹在耳。我想应该找他的家长了解一下孩子的身体状态和平日的生活状态，很显然他睡觉应该不仅仅是听不懂课或者没有睡好这么简单了。一听说我要找他的家长，LZJ忽然温顺了很多，上课也表现得分外积极，班级工作也一反常态地认真负责。于是在一次课余的时候，我看他心情比较好，就找到他，和他聊起他的家庭情况，这才知道，他是单亲家庭的孩子，母亲边做生意边带他，对他寄予很大的希望。他说自己以前让母亲操碎了心，上了高中，他不想让母亲继续操心了，只是以前养成的坏习惯一时半会儿着实难以改正过来。他很认真地对我说："老师，我已经变好很多了……"说这句话的时候，我看到他眼神里的坚定。这次，我愿意再相信他一次。

都说教育要从心做起，我没有真正了解这个孩子，就一味批评，这是有点武断的。班里这样的孩子还有多少，我心里没底。很多这样家庭的孩子天性敏感，尽管我们每天有家校联系本与家长进行及时的沟通，但是很多家长也不会或者不愿意在联系本中说明自己的家庭情况，作为他们的班主任，我也没有深入地调查，只是用一刀切的方式管理学生，这怎么可能行得通呢？

　　通过 LZJ 的事例，我明白了一个道理，班主任工作是心育、身教、言传结合于一体的工作。很多孩子教育失败的因素不是单一的，首先来自于家庭，然后才是学校，最后才是学生自己，所以一定要加强对学生的了解。姑且不要妄谈走入学生内心，最起码要实实在在地了解了学生，只有这样才能对症下药。以前说因材施教，只是模糊的概念，现在才知道，这是不容易做到的。班主任一个人，要了解五十六个孩子，没有耐心和爱心，没有时间和精力的投入是不可能做到的。每个班主任都肩负着重要的责任，牵系着数十个家庭的期待，任何时候都不能急躁冒进，不能武断无措。所以告诉自己，在对学生实施教育之前，先问问自己，你了解他吗？

给学生留有空间

读日本著名企业家稻盛和夫先生的《活法》一书，其中讲到著名的"水库式经营"理念：未建水库的河流，遭逢大雨，就会引发洪涝，长期干旱，河水就会枯竭，因此要建水库蓄水，使水量保持在一定的范围之内，免受天气和环境的影响；企业经营也一样，景气时要为萧条期做好准备，经营应该留有余裕。

因此联想到班级管理，班级也是一个团队，班主任也是一个管理者，而且之于以利益最大化为追求目标的企业而言，班级管理的难度更大。因为学生没有利益驱动下的向心力，全靠对学习和自我目标的确立来驱动行为，因此对管理者——班主任而言，更具有难度。

刚开学的时候，我曾经努力地压制学生，想利用"下马威"的方式在班上制造一种严厉的氛围，以此震慑这些懵懂无知的孩子。但是不久就发现这样做自己太累了，你震慑住了学生，但是一旦你不守着他们，他们立刻如同一盘散沙，瞬间崩溃，甚至渐渐地形成了一种完全被动的心理，只要我在旁边，学生就装得认真得不得了，稍一转头，立刻放松，甚至以这种"猫捉老鼠"的游戏为乐。一周下来，我感觉如同被抽了筋一样累。

读到这个"水库式经营"原理，忽然就明白了。班级管理也要像修水库一样，要在保证质量的前提下，留有余裕。给学生呼吸和发展的空间，让班级的能量保持在一定的范围之内，然后放开学生的手脚，让他们做自己喜欢做的。学生们下课喜欢蹦蹦跳跳，真的是什么错吗？学生追求个性，喜欢新鲜，戴一个无镜的边框眼镜，挂一个耳机真的就不可容忍吗？孩子们大喊大叫真的就需要狠狠地批评吗？……鲜活的年龄，我们为什么就一定要让他们老成持重、中规中矩呢？

仔细想想，担心学生行为出格，是班主任对自己不自信的表现。这些孩子身上的确有着很多有待改善的地方，但是班主任不需要总摆出一副"恨铁不成钢"的架势，着急上火，而是要温火慢煮。确立一个总的原则，如班级文化、班级公约，在不触犯底线的范围内，让学生自由地发展个性，自在地呼吸，让学生逐渐增强自我管理和自我规范的意识，这就是成长。

这显然不是一日之功，需要耐心、细心，更需要智慧。给学生留有空间，既可以解放自己，又能让学生自我发展，何乐而不为？

重视学生的不满

　　班级管理是件细碎的工作，就从简单的编排座位和值日表来说吧，虽然是小事，可是如果编排得不合适，不但无法调动学生的积极性，而且还会影响班级的整体工作。

　　班上的卫生管理一直是我比较头疼的事情，总是有学生没有做值日就提前"溜号"，为此我多次提出过批评。今天我罚了昨天没有值日的两位同学扫地，两位同学气鼓鼓的，意见很大。其中一位就跑来跟我说，老师，我有意见。我问她有什么意见，她说，值日表没有标明星期几，我昨天根本就不知道是自己值日。另一位也有意见，脸憋得通红说，老师，你还是不要安排组长了，安排了组长，他就不做事了，只是指挥我们，我看不惯。

　　两位同学的意见都一针见血。值日表没有明确写星期几哪一组值日，而是采取轮流的方式，轮到哪组就哪组。本来以为大家都是高中生了，不需要我再为这样的事情费心了，但事与愿违，这些城市里的独生子女对于劳动这样的事情还没有主动的意识和习惯。也就是因为这么一点小小的失误，导致很多同学无法记住自己是哪一天值日，经常出现忘记或者疏忽值日的问题，提前"溜号"也不纯粹是学生们主观上的意愿。

　　我听了两位同学的意见，深刻地反思了自己的工作。班级管理无小事，细节决定班级的成败,从学习小组到值日表,我主观地认为滴水不漏的事情却漏洞百出。于是我立即修改了值日表,进行了更加细致的调整,希望再也不要出类似的问题了。

班主任,这个最小的官,却有很多的学问在里面。担任这个工作以来,我的确重新认识了教育管理的重要作用,一切需要从头学起,一切都要慢慢摸索,不但要在教学上下功夫,还要学习心理学、管理学、交际学等综合性的知识。难怪魏书生曾经说,教育局局长就是一个大班主任,做得了班主任就做得了局长。从管理的角度来说,此话也不无道理。

从"值日表"事件,我得出了一个结论,以后班级管理中诸事要多与学生商量,要充分征求学生的意见和建议,在尊重学生的基础上,充分发挥学生的主人翁意识,建立一个民主和谐的班集体。只有在民主的基础上管理班级,学生才会感到身为主人翁的自豪,才会真正拥护班主任,爱护自己的班级,共同建设好班级。

老师要多微笑

今天的班会课是由湖南师大的三位实习生设计和主持的。内容的设计颇具匠心：

首先是通过小组合作来修建一座纸房子，组内的同学可以大胆发挥想象力，建设自己心目中最美的房子，这个活动的主要目的是培养学生们的合作精神和测评学生们对梦想的认知。三位实习生都很努力，做了很多前期的工作，但是我还是有点小小的担心，担心学生不愿意配合，到时候会冷场。孰料，活动一开始，班里顿时就成了火热的海洋，小组活动呈现出从未有过的团结局面。有几个起初不愿意动手的同学，观望了半天也终于被带动起来，开心地加入了自己的小组活动中。看着同学们积极热烈地共同合作建设一个"家"，我真的很开心，我也被大家的热情感染了，欣慰于孩子们能快乐起来。

第二个环节是小组派代表陈述各自的设计理念。几个孩子动情的表述更是让我为之动容。蒋慧敏同学这一组的房子设计为一个"心"形，她在陈述时哽咽着说："我希望108班是一个家，大家都用心经营，拥有美好的未来。"全班同学都被感动了，报之以热烈的掌声。姜晓燕同学的设计是两栋楼房，一栋"戴着学生帽"，一栋"穿着西服"。她说："这两栋房子分别代表学生和老师，中间是连通的，代表着老师和学生要多沟通，多加深了解……"

　　班会结束后，实习老师跑来跟我说，同学们都反映今天玩得很开心，而更让他们开心的是，今天竟然看到李老师笑了，真的希望李老师以后多笑笑。

　　是啊，我都很久没有笑了。每天走进教室之前，我都是怀着一种特别沉重的心情，看到的都是同学们的缺点，上课懒懒散散，卫生不彻底，黑板擦得不干净，抄袭作业等，于是马上拉下脸来训教一通。我很难笑得起来，因为我的眼里看到的全是学生做得不够好的地方，何曾关注过学生的优点和进步呢。记得霍懋征老师曾经说过：每当我走到学生的面前，我都要摸着他的头说，你今天很有进步，要加油！如今再来想想霍老师的话，真是别有一番体味，我是应该多笑笑了。为什么不笑呢？为什么不用一种赏识的眼光来面对这些孩子呢？他们是有诸多不足的地方，但是能看得到他们在努力，只要有些许的进步，我都应该高兴，应该满足啊！

　　另外，我也深刻地认识到，自己与学生们的交流还不够，在以后的教育生活中要加强与学生的交流。孩子们是渴望与老师沟通的，只是我们都没有寻找到合适的方式，我对孩子们是恨铁不成钢，孩子们对我是害怕甚至畏惧，于是我们之间的沟通之门紧闭，这样教育的目的就永难实现了。

　　从明天开始，让自己开心起来吧，让孩子们能看到我的笑，看到我为他们的进步而高兴的笑。多和孩子们交流，真诚地与他们沟通，不要让这样简单的事情都成为孩子们对我的一种渴望。

竭尽全力让每个孩子进步

期中考试快要到了，看着同学们还是我行我素，懒懒散散，一点紧张感都没有，我的心里有点不是滋味。作为班主任，我向来不主张把成绩作为评判一个人的全部标准，但是至少是指标之一吧。况且高中生不把成绩作为一个重要指标，这本身也是不现实的。

真的希望他们认真一点，努力一点，进步一点。我会竭尽全力，让每个孩子进步。

上午，负责学校科技创新项目的 J 老师找到我，让我在班上推荐几个可以参加省科技竞赛的学生。我首先就想到了 LYP，这个孩子注意力很难集中十分钟以上，坐在座位上一刻都不能停下来，挠挠这里，动动那里，而且喜欢吃零食，作业从来没有按时交过，老师的教导也完全不放在心上，同学都戏称其是"老油条"。我之所以想到这个"老油条"，是因为我发现这个孩子的动手能力和思维能力超强，只是逢事不够专心，不过如果遇到他喜欢的事情，他会很出色地完成，而且他对科技创新和动手制作一类的活动颇有兴趣。所以，我向 J 老师推荐了他。

可是下午，J 老师又来找我，说主管这项工作的一位领导认为 LYP 成绩差，不同意让他参加这个活动。领导是我的上司，他的话我应该执行，可是这次我没有把 LYP 撤下来，而是据理力争。我说："不能因为这个孩子成绩差，就否定他的一切，如果我们不注意发现他的优点，这个孩子真的就废了……"说这些话的时候，我有点激动，J 老师也被我说服了，诺诺着离开了。

当然，这一切 LYP 是不知道的。第三节英语课上，我去查堂，又看到 LYP 在睡觉。我不知道他梦到了什么，不知道他什么时候才能"醒"过来，真正理解老师和家长为他做的这一切，真正为自己的人生做点打算，为自己的未来想点事情。

经常听人说，没有教不好的孩子，只有不会教的老师。其实这句话从教育学的意义上来说是很荒谬的。教育从来就不是单向的行为，而是复杂的系统工程，需要双方甚至多方的一致努力，而核心的动力在于受教育者。教育者的工作只是扶助受教育者走一条大家都认可的道路，避免受教育者在其中走弯路，教育者教给受教育者的东西是极其有限的，而无限的宝藏在于受教育者自我内在的开掘，无人能够替代。教育的作用就是唤起学生对自我效能的正确认知，从而将潜藏在自己身上的能力挖掘出来，成就一个崭新的自我。

我们时下的教育好像不是在开掘受教育者，而是拼命地锤炼教育者，希望通过不断的训导，不停的更新与改革，让一个农夫从苹果树上种出金条来，这不是很荒谬吗？

教育管理要关注细节

教育管理一定要注意细节。

这是近段时间管理班级得出的一个重要经验。从理论上说，"班级管理"这个词的提出是有问题的，应该是"班级组织"更为恰当，因为教育本身与企业管理有着根本性的区别。北京教育科学研究所基础教育研究中心的王晓春老师在《班级管理，会者不难》一书中认为，教育教学与管理是两股劲，教育教学是慢活，管理是急活；教学本质上应该为学生的发展服务，而管理，本质上是要完成管理者的预定目标；教育是要启发学生主动成长，而管理一般都是自上而下施加压力。

这种总结十分精到，应该说确实严格地区分了教育与管理的外在表现之不同，但是王教授没有认识到二者的相同之处。时下的情况就是我们一线教师必须把教育与管理结合起来，而且要不断寻求较好的结合方式，以期推动基础教育教学的发展。在这个过程中，班主任就成为这项事业的直接实践者和主要推动者。琢磨如何做好一个班主任，这是我接手这个工作以来想得最多的事情，每天为班级事务弄得焦头烂额的同时，我还要不断思考、总结、寻求办法……

今天班上的情况一切正常，心情就很好。说真的，孩子们真的很可爱，如果不是因为我是他们的班主任，即便我只是他们的一个任课老师，我想我也不会苛求他们到如此地步，我们相处自然会很愉快。但是作为他们的班主任，我只能这么要求他们，因为我有我的责任，他们将来的行为习惯甚至人生的一部分是会与我时下的引导有关的。这么说，可能有点言过其实，但我的确是这么想的。因为结合自己走过来的路，我知道一个班主任对学生影响之大，在人生初期的求学之路上，如果能遇到一个好的班主任，这是天大的幸运。我至今依然怀念我初中时的班主任白邦老师，我的处事风格，我的兴趣爱好，陪伴我走过这么多年的许多生活理念都是在他的影响下形成的。我想做一个像白邦老师那样的班主任，教给孩子们终身受益的东西，而不仅仅是知识。

所以，需要努力的地方太多，需要学习的东西太多，只能勉励自己继续奋斗，直到成功之门被叩响的那一刻——我的教育理想由乌托邦变为现实的那一刻！

教育应该有感动

湖南师大的三位实习生圆满完成了为期一个月的实习任务，要离校了。下午班会课的时候我让三位实习生和同学们作了一个短暂的告别。三个女孩子在台上哭得稀里哗啦，我看到台下的孩子们也低着头，有的眼圈红红的，有的啜泣起来。应该说，这样的场景我不是第一次经历了，但是每次我都会感动，感动于这样一种师生或者朋友之间的真情流露，教育就应该有感动，有感动的教育才是有效的。

班会课后，我听到另一位班主任感叹了一句："我们每天辛辛苦苦带他们，都没见他们会感动，实习生只带了一个月，学生就哭成这样……"语气中有着苦涩和羡慕。

是的，老师的幸福感终究是来自学生，学生的点滴进步，对老师的一句问候，对老师的点滴尊重都是老师的幸福之源。可是为什么时下的学生越来越仇恨老师，老师的幸福感越来越差？2010年全国职业幸福感调查指出，教师的幸福感指数只有30%。在我的身边，总有老师每天都在抱怨学生难管难教，总有学生每天都痛苦于老师的严管死教，痛苦于课业负担太重。提升教师这个群体的幸福指数已经亟须行动了。

可是，谈何容易？

之于教育，我很怀念孔子的时代。老夫子端坐台上，学生围坐在旁，洗耳恭听，遇到问题随时发问，夫子"诲人不倦"，学生如沐春风，师生之间都怀着对知识的敬畏之心，本着提升灵魂、锻造心志、修养性情的目的去读书。高兴了，学生还可以现场"鼓琴而歌"，夫子也不干预。有兴致了，师生可以"暮春之初，春服既成"，二三童子，五六好友，一同野外踏青，饮酒咏诗，好不畅快。没有考试，没有排名，没有物累，不含功利，有的只是师生之间对于学问修为的心灵撞击，如此生命互融的教育场景令人感动，如此教育的乌托邦真是让人神往。

之于教育，我也怀念民国时期。求学、治学氛围浓烈，对师长和知识充满着敬畏，读书明志，鸿儒谈笑，那是何等幸福的场面。

之于教育，我对目前一些功利化的读书现象充满鄙薄。师生之间的情感纽带渐渐被抽象为分数，抽象为成绩，抽象为考核；老师们不再读书，不再钻研书本，不再提升修为，而是疲于各种模式，各级比赛，各类方法，苦不堪言，一个对知识没有敬畏，对生活缺乏幸福感的老师站在讲台上要传达给学生关于幸福的真谛，这根本就是天方夜谭。

如果说知识是一种传递，那么精神一定是一种渗透，只有一个对生活有思想，对未来有希冀，对读书有理解，充满幸福感和快乐感的人才有可能成为教给学生幸福与快乐能力的老师，也只有这样的老师，才有可能适应未来教育的发展。

对于追求这样令人感动的教育，我矢志不渝。

请家长是万能的吗?

今天学校领导找我谈话,跟我聊了班上的一些事情,言外之意是对我的工作有些许微词,不太认同我的管理方式,他给我的训导是"学生就要'管严、管死'"。年级领导也经常教我把学生"压死"一点,否则班上的纪律就会乱,乱了就无法保证正常的教学秩序。

领导们的一片苦心,我深刻理解。"维安维稳"是教学管理的基础,我是一个新手,在学习怎样做一名称职班主任的过程中,我更应该虚心听取前辈们的教导。可是我总觉得这样的管理是有一点问题的,对我不太苟同的东西,我总要思量一下然后再去实施,不能全盘模仿,盲目接受。

别的班上动辄请家长、写检查、作反思,可是我的班上到目前为止,只有一位同学被请了家长。我有时候倔强地想,班主任能做好的事情,为什么一定要请家长来呢?当着家长的面训斥学生是否是一种包治百病的教育方法呢?如果家长能把自己的孩子教育好,那他送孩子到学校来干什么呢?如果我们面前摆的是一个完美的生命,那么我们做班主任工作又有什么必要呢?孩子们有错误,有改正,才会有成长,这是一个必然的阶段,也是一个缓慢的过程,为什么我们总是想让教育如同手术大夫一样,一刀砍下去,永无后患呢?

我固执地以为，班主任的工作就应该如柳宗元在《种树郭橐驼传》中所言"顺木之天，而致其性焉尔"。但这并不等于任由学生发展，不管不问，而是为他们不断地营造积极互进，"舒、平、故、密"的学习环境，不断地引导他们明白学习的意义，寻找到各自的目标，"既然已，勿动勿虑，去不复顾。其莳也若子，其置也若弃，则其天者全，而其性得矣"。这是我对教育的认识，对班主任工作的认识。尽管我知道，这种方式可能导致部分不自觉的学生放任自流，班上会显得"乱"，但是，我相信从学生发展的角度，从长远来看，学生会明白，会成长得更健康。

针对我的教育对象——一群自制力较差，学习能力较弱，而且目标模糊的人来说，我需要做的事情太多，需要付出的心血更多，可是我必须去尝试，去摸索。把学生"管死管严"，让班级呈现出一派"和平"景象，这很大程度上还是集权思想的体现，是做给学校看的，给领导看的，那么我需要做一点真正对学生成长有帮助的事情。这才是我的责任！

这个怪人!

"XQR 是个怪人!"这是同学们对 XQR 的评价。这个后来插班进来的孩子在与我第一次接触时就让我印象深刻:

记得开学一周后,他的父母带着他来,一个高高大大,面带笑容的学生,眼神中带着几分桀骜不驯。我先听他的妈妈介绍了他的基本情况,这个孩子沉溺网络,初中毕业后就不愿意读书了,父母费劲心力将他转到了外县的一所高中,没料到几天之后他就偷偷跑出了学校,再也不愿意去了,这次他又是在父母苦口婆心的劝说下才来到了我这里。

听完他母亲的介绍,我和他进行了简短的交流,还记得第一句话我是这样说的:"XQR,老师很欢迎你到我的班级学习,以前你是怎样的老师不再过问了,老师更关注你以后的表现,希望你在接下来的高中阶段有个新的开始。"我说这些话的时候是用温和的语调讲的,我想这是一个班主任应该说的,也没有不妥之处。我以为他会频频点头,爽快地答应。可是他半天没有吭声,然后带着皮笑肉不笑的表情来了一句:"我尽力喽!"

从这简短的谈话中,我看出这个孩子性格中的玩世不恭和隐藏在强硬外表下极其脆弱的内心,这样的孩子如同脆弱的玻璃球,要分外讲究教育的方法,否则就有可能摔得遍地碎片。正是基于这样的判断,我一直暗地里关注着这个孩子的表现，通过各种方式对其进行适时的表扬，一段时间里，我发现他表现的确很好。尽管上课听不懂，但看得出他极力去听；尽管上课想睡觉，但还是硬撑着。说明他还是给我这个班主任面子的，或者他还想让自己有所改变。他的这些变化让我感到一丝欣慰。

可是，这次期中考试之后，他的成绩仍然在倒数之列，在上课的时候，我就随意地点了几个考试没有进步的学生的名字，其中就有他。也许是我这随意的几句话触碰到了这个脆弱的玻璃球，他的反抗情绪来了。今天晨读的时候，我看他没有读书，就走到他旁边提醒了一句，为了以示我对他的关心，我还在他的肩上拍了拍。这次又是令我没有想到的，他狠狠地甩开了我，然后说了一句："别打扰我思考问题！"我当时心里那种难受如同被人当众抽了巴掌，但是还是愣愣神，克制住自己，继续把早读课上完。做教育工作这些年，我渐渐学会克制，务必克制，否则冲动可能激发更深的师生矛盾，反而不利于教育工作的开展。

下课之后，我坐在办公室里冷静下来，庆幸自己克制住了，毕竟我是老师，我是教育者，武断和冲动都是无济于事的。教育要学会"磨"，不停地艰难地持久地"磨"。下午放学后，我找了 XQR 的同桌，想从别的方面找到如何治理这个"怪人"的突破口。但是同学们毕竟和我的角度不同，不能说出一个所以然来，只是大家都觉得这个同学性格很怪，有点格格不入，我只能大致了解一些情况，然后静观其变，慢慢寻找症结所在，寻求新的办法。

世界上改天换地都不难，最难的就在改变人。因此《孙子兵法》也讲"天时不如地利，地利不如人和"。又想起明德中学创始人胡元倓老先生当年曾对黄兴说的话："公倡革命，乃流血之举，险而易；我办学校，乃磨血之举，稳而难。君取其易，我就其难。"而事实正如胡元倓老先生所言，黄兴等人的革命理想早就成为现实，而教育的漫漫之路今天才刚刚开始。在我短暂的教育历程中，我时常以这样一种责任感来面对自己的工作，我想这是教育者应该有的一种态度，我是这样勉励自己的，但是真的不知道自己能坚持多久，能对如 XQR 这样的孩子做些什么。

（不久之后，XQR 又逃学了，这次他无论如何也不愿意来学校了，我通过各方面来做工作都无济于事。后来听说其父母送他去了戒网瘾的特殊学校，究竟后事如何，就渐渐不得而知了。但是我为自己操之过急，没有采取有效的措施来保护和教育好这个孩子而深深愧疚，这也成为我教育生活中一件值得自己永远警醒的事。教育无小事，要时刻谨慎！）

从未有过的挫败感

事情真的很突然，让我完全没有料到。上午第二节课后，H 老师忽然叫住我，把一沓资料递给我，然后留下一句话："你班上的课还是另外请人上吧，我实在上不了。"我被这突如其来的事搞得一时不知如何是好，但是马上意识到问题的严重性，立刻着手了解事情的原委：

原来，班上的 XDL 在网上发帖骂 H 老师，H 老师又是一个十分优秀的老师，教书育人这么多年，从来没受过这样的委屈，所以一时接受不了。H 老师气愤地指着下载下来的网帖，对我说："看看哪，这哪像一个学生对老师说的话……"

一个中午，我没有顾得上吃饭，都在做 XDL 的工作。说真的，这个孩子挺聪明的，成绩也在班上中等偏上，可忽然弄出这么一档子事情来，我一时不知道怎么处理才好。作为老师，我深刻地理解 H 老师的委屈，而作为班主任，我又必须照顾全班同学的利益，不能因为这一个孩子而导致全班受影响。

我不得不请来了 XDL 的爸爸，他一来就训斥孩子，说自己工作多么不容易，说自己为了孩子读书从乡下来到省城，说自己为了孩子学习什么都满足孩子……这是无数家长都会说的话。我把事情的来龙去脉详细地给他做了说明，商量怎么一起处理这件事情。

经过商量，我带着父子俩找到 H 老师，打算让他们一起给 H 老师认个错，这是最基本的。可是万万没有想到，H 老师坚决不接受道歉，一定要我"另请高明"，我只能代表学生给这个个性很强的老师道歉，可是他依然不接受，不愿意上课。作为班主任，想到班上的五十多个学生，我一再恳求 H 老师能够原谅这个孩子，但是 H 老师的态度很坚决，当时那种尴尬和窘态，是我做老师生涯中从未经历过的。可是，我为什么这么做，我是想到了班里其他的孩子，毕竟其他孩子是无辜的，不能因此而影响班级的大局。

无可奈何之下，我只能请学校领导出面。作为班主任，我既要教育学生，又要保护老师，两边都要处理好。我既然没能协调好，只能找年级组长，找教务主任，找教学校长，让他们替我做 H 老师的工作，千万不能影响班级其他孩子的上课。来来回回忙碌了一个下午，身心俱疲，简简单单一个班主任竟然做得这么辛苦，我究竟图什么？

教育究竟是什么？是对人性的启蒙，是对思想的开拓，是对人性真与美的引导，可是我面对的这些不知天高地厚的孩子却如同顽石一般，始终无法点化，让我苦不堪言。

真的无奈，从未有过的挫败感袭涌而来……

捍卫学生的美好情感

这几乎是每一个班主任都会面对的事情。正处在青春期，身体和心理都蓬勃发展的孩子，对异性产生最原初的朦胧情感，这是再自然不过的事情。因此，一直以来，我总是用一种较为达观和宽容的态度面对学生的"早恋"现象。我始终捍卫学生这种最为美好的情感，但这并不是说我会支持学生"早恋"。

其实，"早恋"这个词本身是经不起推敲的。何为"早"？十五六岁，按照以前农村的风俗，都要到谈婚论嫁的年龄了，谈不上"早"，如若上溯更早的封建社会，都到成家立业的年龄了。因此，关键不是"早"与"晚"的问题，而是该不该的问题。高中生该不该谈恋爱？这是无须回答的，当然不该。

可是，现实的问题是，无论是生理原因也好心理原因也罢，他们开始有了这种苗头，作为他们的老师，我们该怎么办？当然，疏比堵要好。我认为，家长和老师都应该捍卫学生这种纯洁美好的情感。当学生们把这种情感控制在心心相印、彼此砥砺的基础上时，我们不应该横加干涉，而应采取旁敲侧击、润物无声的方式，让他们懂得过早采摘青苹果的害处，让他们将这种情感控制在健康积极的范围之内，彼此不越雷池半步。以前在乡下县城中学的时候，我发现这种方法是有效的，而且通过长期的敲打、劝慰，双方反而转移了注意力，在学业上进步很大。

但是，当我也以同样的方式来处理 L 和 H 的"早恋"现象时，却发现情况发生了变化。城市里的孩子受城市的影响太大，心性、心理、家庭均与乡下孩子有所不同。他们竟然在公共场合搂搂抱抱，表现出格外的亲热，做出这个年龄段不应该有的行为，这让我不得不采取一些行动。我捍卫纯洁的"早恋"，但是绝对不允许成人化的恋爱方式污染本该美好的情感。我有保护学生的责任。

于是，我专门召开班会，在班上重点地讲了关于"早恋"的问题，义正词严，只是出于保护他们的目的，我没有点名。因为我知道，其实这个阶段的所谓爱情，没有多少是出于理性的，既然是感性的"一时糊涂"，那么把道理给他们说清楚，说明白，该怎么做，他们能明白多少就是多少，如果实在不明白，那么"先奶油后大棒"也就符合"治病救人"的教育规律了。从这后来的效果来看，双方都收敛了很多，当然，我希望的是他们能真正明白，这种不当季节里是不会收获甜美果实的。爱情是美好的，"花开堪折直须折"，但是容不得亵渎和游戏，在这样大好的年华里，更不应当被诱惑和冲动蒙住心门，而应努力融入知识的海洋中，真正有所为，然后到更大的世界里选择属于自己的终身幸福。

一段时间之后，我又分别找到 L 和 H，为他们分析各自的状态，展望他们的未来，动之以情，晓之以理，言之大义。记得和 H 谈完话后，她对我说："老师，你放心吧，通过这段时间，我冷静下来了，知道怎么做了……"

静水无声

　　天气极其寒冷，但是心里却是温暖的。作为老师，也许从来没有想过向学生索取什么，有时候只是需要一种心灵上的点滴安慰。

　　那天下第二节课的时候，班长蒋慧敏笑嘻嘻地跑到我办公室，说是送我一件东西。我接过来一看，是学生在网上发的帖子。细心的蒋慧敏可能知道我不上贴吧，所以打印出来给我看，都是学生们细细碎碎的评价，对我的班主任工作，对我的教学都给予了很高的评价。虽然是几页口水话，但还是能看出学生对我工作的认可，我心里无比欣慰。

　　平时总是训斥学生不懂事，不理解老师，可是看学生私下里发在贴吧上的那些话，好像什么都懂，只是这个"懂"没有任何道理，就是他们喜欢，他们喜欢就好评，不喜欢就说些"不三不四"的话。这就是时下网络时代里一代年轻人表达思想的方式，网络成为他们可以抛开道德规范和世俗约束自由发泄的地方，而且这种方式好像呈现出越来越强大的力量。

　　仔细想想，学生喜欢上网，喜欢在网上消耗光阴，这和四五十年代的青年人喜欢看报是一样的道理。然而，四五十年代是中国新旧道德斗争最激烈但人心也最纯粹的阶段，所以青年人能从报纸上读到最真实的国家现状，从中汲取到"家国天下"的斗志；时下的网络却是天使与魔鬼共营的后花园，里面什么都有，而且极具诱惑力和煽动力。我们埋怨学生上网成瘾，可是想想，有多少成年人尚且因迷恋网络而不可自拔，甚至走上犯罪的道路，何况是自制力和自我调控能力都还在成长阶段的孩子。青年人在现实的生活中找不到属于自己的自由领地，他们只能寻求网络这种虚拟的世界，因此才会有这样的教育周期律：叛逆的孩子喜欢上网，上网的孩子厌世，厌世的孩子冷漠，冷漠的孩子对社会充满仇恨……

班上也有一些很喜欢上网的孩子，有个别孩子还上网成瘾。和这些孩子打交道的过程中就会慢慢发现，往往是在家庭教育或者学校教育的某个环节中出现了问题，诸如父母在孩子3～5岁的性格哺育期对孩子缺少关爱，老师在孩子11～13岁的思想成长期没有耐心地引导等，导致孩子在身边找不到可以解压的方式，可以倾诉的对象，于是只能转向网络寻找安慰。而网络的花花世界又让没有任何自制力的孩子"一招不慎"，误入歧途。所以我经常和学生的父母探讨，爱孩子不应该仅仅是本能，有时候是一种能力，而很多的父母一生都没有培养起这样的能力。

作为老师，从事这项育人的工作，很多时候感到自己能力有限，需要学习的东西太多。一个生命降生，是上天给予世界的礼物。"一张白纸"般的孩子为什么会慢慢分出优劣，以致在社会化的过程中有的越来越精美，有的却龌龊不堪，甚至扭曲，变成社会的有害物质。"君子性非异也"，"教使之然也"。如此说来，就觉得这项事业不但可敬而且可贵，自己忝为其中的一员，如何不"战战兢兢，如履薄冰"呢？因为这关系到无数生命的质量啊！

"畏"还是"敬"？

　　班主任究竟是让学生"畏"还是"敬"？

　　这又是一个值得去思考和实践的话题。这里援引美国温斯坦的一项调查：美国学生在师生关系方面对教师的希望是"尊重"，在学习指导方面对教师的希望是"激励"，在管理方面对教师的希望则是"限制"。（调查引自王晓春《课堂管理，会者不难》。）

　　教书这么多年，我从来没有想过要让学生对自己感到害怕，我总是认为，害怕之于教育，效果是短暂的。在自己的求学经历中，我好像从来没有因为害怕某个老师而学会了他所教的更多的东西或者掌握了某项技能。我甚至本能地反感动辄恐吓学生的老师。正是这样一种固执的想法，让我在管理班级的过程中，总是倾向于和风细雨，润物无声，而较少严苛的训斥。（但是并不是完全不训斥，有时候面对学生的固执和愚顽，训斥也实属无奈之举。）

　　也正是这样的"善意"，使得班级管理中规章制度的执行力慢慢地弱了下来，让部分学生开始滋生侥幸心理和惰性思维。因为现实情况是，我所面对的这些学生学习的动机和自我管理能力是极其不足的，有的甚至对学习完全没有兴趣，是在家长的逼迫下来学校的。这种情况下，管理必须注重执行力，否则班级规章制度就是一纸空文。只有在规章制度高度执行的前提下进行教导，才会让管理产生相应的效果。

今天，XY 同学在家校联系本中给我写了长长的建议信，其中不乏中肯之言。学生对我的管理提出意见和建议，这是令我欣慰的，毕竟学生敢于说话，热心为班上考虑，这就是责任意识的体现。我在班上热情地表扬了 XY，号召班上的孩子们勇于为班级建设献计献策。XY 的建议让我认识到了班级管理中执行力的重要性，引发了以上的思考，并对下一阶段的工作做出了必要的调整。

整体而言，经过长达半学期的磨合，班级整体面貌好了很多。我也似乎渐渐找到一点感觉，开始得心应手了。XY 在意见里提到了一条，说我对他们不够了解，这是我承认的。的确，我没有时间深入学生之中，特别是深入学生的内心世界。学校是非寄宿制学校，没有全校性质的晚自习，正常的上课时间从早排到晚，很是紧张，有时候想找学生谈谈心，可又怕耽误学生上课。第八节课后，学生又归心似箭，谈话很难深入，这是尴尬的。于是我只能靠观察和课余的有限时间来了解学生，有时候就难免表面化，不能及时地捕捉学生心理状态和学习情况的变化。

是的，强制性的管，毕竟只是管理的一部分，能够把工作做到人心中去，才是管理的最高境界。

家校"信息单"的尝试

　　家长会是每个班主任都要面对的重要工作。怎样开出高效的家长会是我一直以来思索和探究的问题。两天都很忙碌，一直准备本学期第二次家长会的事情，为了让每位家长对自己的孩子有真实彻底的了解，我学习西方家校联系的方法，为每个学生做了一个"信息单"，全面地向家长介绍了学生在校的基本情况。

　　虽然我的出发点是好的，可是实施起来才发现，这一方法难度很大。西方学校中最大的班容量是 30 人，而我的班现在是 56 人，即使每个学生只写100 字的评价，我都要写近 6000 字，而且必须重新对孩子们进行评估、统计，得出尽可能客观公允而又具有科学性和可行性的结论。就为这 6000 字的评价，我耗去了整整一周的时间，写得天昏地暗，头昏脑涨。

　　从家长会的情况来看，这一方法的效果还算不错，家长们看到我对孩子的评价很开心，我相信只要是真的想为孩子好，一定可以从我的良苦用心中引出一些思考。

　　我是这样来做这个"信息单"的（附其中一个孩子的"信息单"）。

尊敬的家长：

非常荣幸能够有机会教您的孩子。我知道，他（她）是您的希望和寄托，您给了他（她）所有的爱与关怀，并且希望他（她）通过学校教育最终成长为一个正直、善良、优秀的人。但是，您可能高估学校教育的能力了，仅仅依靠学校的教育是不能够完成"为孩子终身幸福奠基"这样的伟大使命的。如果您真的爱他（她），那就多抽点时间来好好关注孩子的成长吧，包括他（她）的身体、学习、习惯、品质等。

下面是我通过与孩子们一个学期的接触，对您的孩子的基本评价，有些话可能会引起您的不快，但是请您耐心地读完，然后把您的意见和建议写在回执栏中。感谢您对我的信任，也希望我的建议有助于您对孩子进行更理性的教育。

首先我想告诉您，您的孩子有以下的优点，如果保持并努力完善，一定会在将来的生活中为他带来美好的收获。

他的思维活跃，目标明确，懂得为自己的目标不懈努力，而且很有属于自己的一套学习方法，成绩一直在班上处于前列。

平时为人和善，秉性纯良，是个不错的孩子。

但遗憾的是，您的孩子在这学期做得不足的地方有以下一些：

您的孩子不是很善于团队合作，而团队协作能力是适应未来社会必须具备的素质之一。

性格有些懒散，容易放松自己，且不够耐心和稳重，这可能导致他在未来的学习、生活中发生游离和失误。

文科成绩偏差，长此以往，会影响他的学业。

我的这些意见和建议，希望引起您的重视，我们都是为了孩子更好地成长。教育需要讲究策略，我渴望通过家庭和学校的共同努力让您的孩子有进步与提高，让他健康快乐地成长。

班主任签名：

⋯⋯⋯⋯⋯⋯⋯⋯⋯⋯⋯⋯⋯⋯⋯⋯⋯⋯⋯⋯⋯⋯⋯⋯⋯⋯⋯⋯⋯⋯⋯⋯

家长回执栏

我就像一个医生，为每个孩子开了一个疗救的处方，究竟效果有多大，我不能保证，但是我觉得自己用心了，那就可以了。教育工作本身就是治病救人，但是必须承认，并不是每个病人都可以药到病除，更不是所有的医生都可以妙手回春，我只是在努力地尽自己的一份心力，并且想成为一个好医生，仅此而已。

几天之后，家长们的回执单交到了我的手里，让我十分感动的是，家长们对我的用心给予了高度的评价，字里行间充满家长们对孩子的期冀，对我的认可：

X妈妈：谢谢您对孩子的所有付出，真心道一声辛苦了！您对孩子的判断非常准确⋯⋯谢谢老师对孩子的肯定，老师的每一次表扬，孩子都会兴奋地带回家，孩子的每一处令人欣喜的变化都离不开老师的付出⋯⋯

H爸爸：孩子能得到您的教育培养是她的幸运和福气。作为父母，教育子女是我们应尽的责任，一定全力配合学校和老师的工作，把孩子教育好，将来成长为对社会有用的人⋯⋯

L妈妈：我女儿很荣幸成为您的学生，在这三个月里，虽然成绩不够好，但是她一直在努力和进步……

　　Z家长：非常感谢您对孩子的理解和务实的评价，孩子曾多次向我们介绍班主任老师真诚的性格和务实的工作态度，作为家长我们甚感欣慰，一个好的班主任在孩子的人生中影响是很大的。由于我出差时间较多，势必对孩子的关心和教育较少，为此甚感遗憾，不过如果有时间，我定会亲自找您就孩子的学习和成长进行沟通……

尽力保护学生的心灵

每次考试之后，我都需要很长一段时间来调整自己的心态，调整学生的心态。在目前这种应试教育体制之下，社会、家长和学生都对考试有着一种超乎其评价功能的期待，所以每次考试结束，有的学生会沾沾自喜，有的学生会颓唐沮丧，有的学生会趁机放松，于是班上就会出现一段时间的躁动不安。

我能理解孩子们的心情，其实考试对于他们来说，其衡量知识之有无，学问之多少都是次要的，更多的是考试之外的意义。归结起来，不外乎这几点：其一，终于考完了，可以趁机放松一下心情；其二，终于考好了，可以在家长面前邀邀功，也可以放松一下；其三，不幸考砸了，思想处在迷茫之中，苦痛不堪，徘徊犹豫一段时间，放纵自己一下。记得在我的学生时代里，这三种心态纠结于整个学习过程中，我称其为"考后综合征"。

今天下午 H 同学来找我，一走进办公室还没开口说话，眼泪就掉下来了，哽咽了一会儿才说，老师，我不想上晚自习了，想去岳麓山上静一静。我就问为什么。他啜泣起来，老师，我没考好，我真的努力了，该记该背的我都做了，可是还是没考好。H 同学在班上成绩中等偏下，基础特别差，这学期开学以来，他的日常表现的确好了很多，看得出他很想把成绩提上去，但是这次考试他的成绩依然是靠后，所以一时想不开，就找到了我。

我很高兴孩子们能在这时候找到我，把自己的困惑和苦闷告诉我，这是学生对我的信任，更是孩子们渴望进步的表现。于是，我真心地勉励 H 同学不要放弃，不要因为一次的成绩就否定自己，要积极地分析问题，找到原因，以图进步……讲到最后，我拍着他的肩膀说，老师相信你，你一定可以在下次的考试中表现得更优秀。我不知道我的话起到作用没有，他诺诺地答应着，最后舒一口气离开了办公室。

英语考试的成绩出来了，英语老师发现了三份有作弊嫌疑的试卷，三个人的英语作文几乎一模一样，显然是从手机中抄来的。手机作弊是每次考试屡禁不止的现象，是年级组狠抓狠打的问题，所以这次撞到枪口上的三个人不处理是不行的。于是我在班上放话，要严肃处理这件事情。就在这时候，我看到了其中一个同学写给英语老师的一封信，信中主动承认了自己作弊，并且保证再不发生这样的事情。信中有几句话是这样写的：

老师，很抱歉让您失望了，对于自己的行为，我做出深刻的检讨。老师，我不希望这件事让李老师知道，他是个好班主任，对我的期望很高，我不想让他失望，希望老师给我改正错误的机会……

我无意中看到这封信，忽然有点于心不忍了。如果学生真的只是一时糊涂，我就姑且装一次傻吧，把事情拿出来处理也许会伤害学生，我们教育的目的只是让学生认识自己，而不是把学生置于死地。于是我委托英语老师，让他找这几个学生谈谈，把这件事低调地处理，但是对这几个学生，我希望看到他们未来的表现，更希望他们不要让老师失望。

此类事情，每次考试之后都会有发生，而发生在不同学生的身上，处理方法也不尽相同，要想得周全而深刻，一旦武断处理就会造成一些不好的后果。学校有学校的规矩，但是只靠制度和恐吓的处理方法毕竟是武断的，教育是要教给学生一生行为处事的准则。我们要尽力地去呵护学生的成长，但不等于纵容学生犯错，而是出于对学生生命成长的负责，出于对学生尊严和心灵的呵护，为此我很谨慎。

那一声"老师，辛苦了！"

来自湘潭的民间演讲家杨一平女士来校进行励志演说，时间定在下午七、八节课。杨老师的讲座内容是号召学生们学会感恩，感恩父母，感恩老师，感恩身边的人，并且懂得刻苦、坚毅、经营人生等。在我的教育生涯中，我听过无数场这种性质的讲座，内容大致差不多，但是这次稍有不同的是，杨一平女士是一位民间义务演讲家。作为民间人士，本着极大的热情投入到青少年的心灵教育事业中来，为之积极奔走，精神令人敬重。虽然天气很冷，但她的热情感染了现场的同学们；虽然天已经晚了，但现场依然热火朝天，互动热烈，口号呼喊震彻校园。

讲座结束后，同学们回到教室，我安排事宜完毕，准备放学。忽然班长一声"全体起立"，全班同学齐刷刷地站了起来，然后大家异口同声地喊："李老师，您辛苦了！"我先是一怔，这确实是我没有料到的，我向来认为感恩是一种能力，不是一两次简单的讲座就能唤醒的，但是眼前孩子们的举动让我感动了。我的内心如同坚冰消融，瞬间垮塌。我急忙用一句"谢谢大家，谢谢同学们！"做了回应，匆匆回到办公室，心情却难以平静了，心头余温尚在，眼角有点湿润。够了，够了，作为老师，原来我是这么渴望学生的一句"老师，辛苦了！"

是啊，教育本身就是教师用自己的生命之火点燃学生智慧之光的过程。可是很多时候，因为我们经历了无数顽劣难教的孩子，冥顽不化的学生，我们感受了太多缺乏责任、不懂感恩、无知懵懂的教育现实，于是我们有点疲倦了，有点习以为常了，甚至有点麻木不仁了，于是我们把学生仅仅当成了教育对象，将学生当成了一个个让我们烦忧的教育难题，而对学生渐渐失去了一种温暖的关照和静静的等待。其实，教育者最应该学会温情的守候，要有静听花开的优雅心态。教育专家任小艾说，教育是最没有成就感的事业，因为我们面对的是成长中的人。

没有责任心、不懂感恩的孩子是难有大作为的，而同样，没有耐心、不懂等待的老师也不是一位优雅的老师。不论孩子们那句"老师，辛苦了！"是感动之余的一时冲动，还是感恩之心的真情表达，至少它让我在这个冬日燃起了对教育前所未有的热情，更加坚定了自己对教育人生的信念。

接手新班的设想

班级管理是经由制度管理进而民主管理，最后上升为文化管理。任何一个班主任的成长都是在与学生相处的摸爬滚打中渐进完成自己的蜕变，形成属于自己的管理理念。因此，要想在班级管理中获得成功，制度管理、民主管理、文化管理三个阶段是必由之路。

这个学期是文、理分科之后的高二年级第一个学期。我接手文科一班，经过分班之后，这个班级由原来的 54 人上升为 61 人，教室里黑压压地挤满了学生，作为班主任，心里的压力可想而知。幸而这部分学生是经过高一一轮筛选后文科中比较优秀的学生，学习和行为习惯较之于原来高一的班级要好一些，让我在倍感压力之余也有了一丝宽慰。从开学两天的情况来看，班上的综合表现还是令人满意的。毕竟已经是高二了，学生也长大了。

学生变了，管理就要跟着变，为此我又要开始新的征程，新的尝试与摸索，这是痛苦的，但也是快乐的。

我尝试着从原来的制度管理和"保姆式"督导中解放出来，推行民主管理和学生自主管理，把班上的事务尽量交给学生去做，充分调动孩子们的积极性和主动性。一切都是摸着石头过河，刚开始着实有点不放心，但是经过慎重考虑和对学生状况的研究，初步预想是这样操作的：

第一，精选班委会成员，这是班级的核心，是民主管理和自主管理能否成功实施的关键。做好班委会人员的培训工作，争取每周开一次班委会成员会议，和学生交流班级管理的经验，并及时调整自己的管理策略。

第二，营造好班级民主管理的氛围，将班级统一在共同的学习目标之下。文一班的学生对学习的热情是有的，也有较好的学习习惯，很多同学都憋着一股劲，可是缺乏清晰的奋斗目标和人生设计。弦绷得太紧就容易断，没有持久目标动力支撑的过程是难以久持的，这就需要随时做好心理协调和辅导工作，做好讲究学习方法和制订学习计划等的指导工作。为此我决定每天尽量找两个学生谈话，61个学生，如此算来，全班要谈一次话，也需要一个月的时间，谈何容易啊！学校的时间很紧，又没有晚自习，我采用的谈话方式就是余世维教授在管理课程中讲到的"随时随地的教育"，吃饭时在食堂里遇到学生，课间遇到学生，随时随地谈，但是又不能显得太随便，太随便学生就不会重视，而不重视就没有效果。这就对自己提出了更高的要求，必须十分了解学生，能够一针见血地知道学生的问题所在，并且在学生反馈时迅速地予以指导。

第三，做好学困生工作，让每个学生都能感受到老师对他的关心和爱护，从而竭尽全力地进步，去追求属于自己的定位和生活。这是班主任工作的重头戏，也是最为考验我智慧和耐力的工作，更是不得不努力为之的事情。我要为每个学困生制定相应的辅导方案，工作一定要细致。不能笼统而为，要具体到如偏科学困类、玩物丧志类、习惯不佳类等，要对症下药，直击要害，真正促进学生的点滴改变。

提醒感恩

今天是教师节，整整一天，办公室里都是浓浓的花香和甜甜的问候，老师们还像平常一样忙着各种各样的闹心事，但是从眼神的交流里我们都能读出一点彼此心照不宣的幸福。的确，每年这一天，老师们是能隐隐约约地感受到一种作为教师的尊严感和幸福感的，尽管这种幸福有点奢侈而短暂，尽管这一天老师们依然要在批改作业、上课、备课等琐碎的工作中度过，尽管这一天其实和平日没什么两样。

盘点着自己桌上的卡片、信件、鲜花，孩子们都在此时此刻表达着对老师的真诚问候和诚挚感激。"老师节日快乐！""老师，您辛苦了！"是见到最多的问候，也有几个同学坦诚地讲了自己对我这个班主任的感受和认识，溢美之词充溢在字里行间，令我很感动。但是，这个教师节，更令我感到欣慰的是，我懂得了在教育中如何去——提醒感恩。

时下的孩子越来越不懂感恩，他们的自我意识很强，觉得父母应该为他们服务，老师应该为他们服务，所有人都应该为他们服务。这不能一味地怪学生，他们是在特殊的时代背景下（计划生育）特殊的成长环境中（独生子女）长大的一代人，钱文忠先生曾认为独生子女是"亚种"，是教育的顽疾。但是作为老师，我们无可选择，这些"亚种"就是我们每天必须面对的教育对象，与其抱怨孩子们的冷漠与自私，我们更有责任去培养孩子的感恩之心，而培养从提醒开始。

为了过好这个教师节，在节日的前两天，我就找班委会的同学商量方案，希望这次 108 班能够为老师送上一份不一样的"礼物"，但是我先申明了自己的原则——不破费、不折腾。孩子们思维活跃，提出了很多意见和建议，最后我采纳了"写真心，送祝福"这一种。教师节这天正好是我上第一节课，我简单地向全班同学说明了这次活动的方式，请每位同学为自己喜爱的老师写几句祝福的话，并且在课堂上留出了 15 分钟的时间让学生来做这件事。我想，在这样一个节日里，提醒孩子们去感恩老师，也许是更有意义的一堂课。

孩子们将写好的祝福语折成各种形状，装在了美丽的盒子里，然后由科代表去送给各科老师。课间，我看到几位老师在办公室边拆边看同学们写给自己的祝福语，脸上绽放出幸福的微笑，我着实感到满足。

感恩是种能力，会让人更有力量，更有勇气，所以"提醒感恩"是需要的。国家设置一个专门属于教师的节日，不也是在提醒社会要尊师重教吗？而我精心地提醒孩子们去感恩老师，是希望他们能够在为老师送上一句温馨问候的同时，也能想起与老师相处的点点滴滴，增加一份诚挚的感恩，并且学会从此带着一颗感恩之心去生活，用一颗强大的心灵去面对今后的困难与挑战。

"策"字说人

那天中午，我在办公室刚准备休息，109班的一位女同学 Y 哭红着眼睛来找班主任 T 老师。从他们的言谈中，我大概听出来是怎么一回事了：原来我班上的 O 同学和 Y 住同一个寝室，不知因为什么事情，O 动手打了 Y，于是 Y 就告到老师这里来了。

当文科班的班主任，最头疼的就是女生比较多。女孩子之间经常会闹些小矛盾，而这些事情又多半是些鸡毛蒜皮的事，女生动辄就哭哭啼啼，甚至有的还回家跟父母哭诉，于是家长气汹汹地来找学校，以为自己的孩子受了天大的委屈。最后如果处理不好，往往会因小失大，造成极其不好的影响。

既然这件事情牵涉两个班级，不容忽视。我和109班的班主任 T 老师商量怎么处理，T 老师建议还是先让学生自己来解决，毕竟解铃还须系铃人，同学之间自己化解矛盾比老师插手要好得多，我很赞同 T 老师的想法。安抚了 Y 一番之后，她答应自己来处理这件事，平静地走出了办公室。

可是我却怎么也平静不下来，我该怎么去做 O 的工作呢？如果当面找她谈，肯定又是公说公有理婆说婆有理，而且会让本来简单的事情变得复杂。我再也无心休息，边阅试卷边思考着方法，忽然我的目光落在了 O 的作文上面。O 的字写得很工整美观，可是……

我灵机一动，有了主意。

下午上的是试卷讲评课，我走上讲台，就先从作文讲起。我说："同学们，通过批阅大家的试卷，我觉得作文还是一个大问题，而更大的问题在于大家的字。我们经常说，字如其人，通过一个人的字，可以看出这个人的品行、性格和精神气质。比如……"我故意顿了顿。

"比如 O 同学的字，应该说 O 的字在我们班上是写得比较好的，横平竖直，工整美观，刚劲有力，通过字可以看出 O 同学是一个充满正气的人。"班里同学发出了善意和认同的笑声。看来我估计得不错，O 同学平时在同学中间的表现跟我对她的了解是一致的，我很满意自己的这个开场。

于是我又顿了顿，接着说："可是，通过 O 同学的字，还是可以看出一些她身上存在的问题。"班上同学静静地拎起耳朵想知道我说的 O 同学的问题是什么，我看到 O 的脸上也充满了急切的表情。

我说："O 同学的字，首先，字字都写出格，说明她是一个不喜欢遵守规则的人。"话一落，班上同学开始鼓掌了，这掌声中既有认同的赞赏也有恶意的起哄，这我也料到了，根据我对 O 的了解，这话不轻不重，但绝对没有冤枉她。

我接着说："其次，O 同学的字，横勾竖叉，笔笔出锋，字与字之间总是纠缠在一起，这可以看出她在人际交往方面存在一些问题，因为自己的尖刻，容易伤及别人。"说到这里，我笑着问同学们，"大家和 O 同学交往觉得是不是这样？"

同学们异口同声："是。"

我呵呵一笑，刚准备往下讲，忽然听到 O 同学大声说："老师，那怎么调整呢？"这下我心里窃喜了，看来我的话起作用了！

我急忙说："改变字，要从改善内在做起，只要自己从内在上改变了，善待身边的每个人，珍爱身边的每个人，自然会反映到外在的字上面，人会更高尚，字也会温柔敦厚，充满令人欣赏的柔和之美。"

教室里响起了热烈的掌声。

"策"字说人，我委婉地劝诫了学生，让她认识到自己的错误，懂得以后该怎么去做。等"风波"过后，我再来找她就事论事地谈，这样效果也许会更好。

集体是教育的工具

最近学校和年级组举行了各级各类活动,先是年级组的登山比赛,然后是学校的广播操比赛。在组织学生参加这些活动的过程中,我逐渐加深了对班级活动的认识。尤其是在登山比赛中,同学们满头大汗地跑到山顶,然后围着我要奖品的时候,我恍惚感觉回到了童年,就像小时候自己为家里做了劳动后围着妈妈讨要零食一样,一种爱的温润与感动让我觉得无比喜爱这些孩子们。

那天下午的广播操比赛,天气不是很好,同学们在寒风中穿着单衣排练,一遍又一遍,J和P两位班长积极地张罗着。即将上场时,大家相互击掌鼓励着,平时懒洋洋的同学这时候也紧张起来了,最终班级获得了全校二等奖的好成绩。看到大家雀跃着庆贺,我被同学们这种强烈的集体荣誉感深深感染。

苏霍姆林斯基说过:集体是教育的工具。班级向心力的形成就是一股强大的无形力量,会对每一个学生的个体发展起到巨大的潜移默化的教育、激励和制约作用。带文一班以来,总感觉班级的凝聚力不够强,班级文化建设迟迟不见成效。主要原因在于我这个班主任没有足够重视,甚或说是疲于管理,无暇顾及,常常想着要做的事情一转眼就被各种杂事耽误了。

我深知,开展丰富多彩的活动就是强化班级凝聚力的主要方式。通过组织开展各种内容广泛、形式多样的活动，鼓励竞争，从而提高学生思想修养，培养他们的学习习惯和学习兴趣，才能形成良好的班集体文化氛围。班级活动应该大体分为两类：一是班级内部的活动，诸如班级演讲赛、辩论赛、书写比赛、学习小组知识竞赛、主题班会等，其主要作用应该是增强同学们的互学共进意识，提升同学们的竞争力，促进班级学风建设；二是班级与班级之间的外部活动，诸如运动会、广播操比赛、登山比赛等，通过这些活动可以增强班级凝聚力，强化团队意识，让学生树立起一种责任感和荣誉感。

所以，班级活动应该是学校教育活动的重要组成部分，应该成为班级教育经常性的形式，成为对学生进行教育的主要渠道，成为发展学生素质的基本途径。通过班级活动，进而建立班级文化，通过班级文化，进而引导学生形成正确的价值观，培养学生高雅的志趣和良好的生活、学习习惯，激励学生不断进取，积极、健康地成长，从而起到良好的教育作用。

一个班级就是一个大家庭，班主任就是这个大家庭的家长。因此，要使这个家庭真正形成团结向上、积极进取的班级文化，我这个做班主任的今后一定要开动脑筋，充分利用学生的心理特点，积极开展班级活动，使学生在潜移默化中感受到团结的力量，从而增强班级凝聚力和荣誉感。这也许才是管理班级更高级的"智慧"。

写给月考作弊学生的一封信

亲爱的孩子们：

分析完你们此次的考试成绩，找部分同学了解了一些情况，首先感到非常震惊，其次是心痛。作为和你们朝夕相处了近半年（有的已经一年多）的你们的班主任，我第一次感觉到无比心痛，这种心痛锥心刺骨，让我这个对教育事业充满无限热忱的年轻人再一次陷入到了迷茫和恐慌之中。我不知道如何面对接下来与你们一年多的相处，你们可以如此大胆地欺骗每日为你们真诚付出的老师和家长，不论出于何种动机，想想我都心痛不已，对做出这般行为的你们，一切知识的教授都是多余的，而我竟然是你们的老师。无数次彻夜不眠地为你们备课，无数次苦口婆心地教导你们处世为人，每日里风里来雨里去地奔波，却教出做出这般行为的你们，我感到不值，更感到羞愧。

孩子们，你们是否关注过这些现象？毒奶粉让许多婴儿变成大头娃娃，让无数家庭心力交瘁，终身痛苦；地沟油让很多人患上了无法治愈的疾病，甚至付出了生命的代价；瘦肉精、毒白菜更是让我们的生活每日里都多了一份担心，少了一份安宁。而商场里的假冒伪劣产品，食品店里的假酒假烟，药店里的假药假剂，官场上的履历造假，学术领域的抄袭剽窃……林林总总，不一而足。而造成所有这一切的根本原因是什么？那就是社会诚信体系的缺失。你们才十五六岁，花一般的年华，水一般的纯洁，你们理应让自己的品质在学校里锻造得如同水晶般晶莹剔透，在未来的人生道路上熠熠生辉，照出灿烂的前程。可是你们在一次简简单单的月考中却选择了作弊，用这种错误的方式去赢取虚妄的快乐，换取一点点无用的赞美，在自己纯洁的心灵中洒下污点，在自己清白的求学生涯中添上丑陋的一笔。你们为什么要这么做？这样做真的很值吗？

我知道，你们有来自家长的苛责，有来自老师的压力，有来自同学的攀比，父母含辛茹苦地供养你们，老师呕心沥血地教育你们，都有一个共同的目标，就是希望你们健康地成长，希望你们成为堂堂正正的人，成为表里如一、受人信任和尊重的人，更希望你们将来成就一番事业，能够让我们为你们骄傲。可是你们连这些至亲至信的人都欺骗，我们又能期望你们将来成长为一个怎样的人？

作为你们的老师，我每日里最高兴的是看到你们很健康很快乐，很努力很勤奋，很乐观很坚强，很正直很真诚，可是当你们以这种作弊的行为来回报我的时候，我的伤心就如同看着自己的孩子走进监狱一般。

老师也许不是世俗意义上的成功人士，不是腰缠万贯的商贾，不是炙手可热的权贵，不是你们心目中的偶像，但是老师可以问心无愧地站立在大地上，做一个坦坦荡荡的真人，可以心胸坦荡地站在讲台上向你们传授古圣先贤的智慧，面对那些用智慧照亮历史的杰出人物，我高山仰止，而心无愧怍。我希望我的学生也是这样的人，能放下恶念，珍惜今天，修为自己，成就明天。

孩子们，我这小半生最对不起的就是我的母亲。她操劳一生，将我从贫苦的农村送到了大城市，然后带着一身病痛遗憾地离开了我，留给我们儿女无尽的哀思和忏悔。母亲没有留给我什么物质财富，但是她却留给我丰富的精神财富。母亲有一句话成为我人生永恒的信条——"小时偷针，大了偷金"。在这里我送给大家，也与大家共勉。

孩子们，著名的教育家陶行知先生说过："千教万教，教人求真。千学万学，学做真人。"不要为自己找任何借口，不要存任何投机心理，不要让恶念玷污自己，静下心来反省吧，沉下心来努力吧！李老师从来不会歧视任何一个成绩不好的学生，但是会从内心里看不起弄虚作假还沾沾自喜的人，我希望你们不是李老师看不起的那种人，今天不是，未来更不是！

教室里那张快要掉下来的标语

　　教室的墙壁上贴着我写的两幅标语，"聚精会神""德业并举"，是我用欧楷写的，虽然写得不是很好看，但却体现了我对同学们的期望，从高一一直贴到高二。可是不久前，我发现"德业并举"那张有一角脱落了下来，本来想找个时间把它订好，可是转念一想，改变主意了。班级是大家的，这里的一物一什都应该由同学们来共同维护，既然我期望大家"德业并举"，关心集体、爱护集体不正是学校教育的题中之义吗？一个连一张即将要掉下来的标语都不愿意帮集体贴好的学生，何谈他有一天会成为弘扬社会正义、勇于担当的人呢？

　　于是，那张标语就一直耷拉在墙上，一星期过去了，没有人去贴，两星期过去了，仍然没有人去贴。我每天走进教室首先就是看看那张标语，它依然耷拉着，似乎在告诉我，我这个班主任还有很多需要做的事情，也似乎在告诉孩子们，他们在德行之路上还有很长很长的路要走。想起一个小故事：一个毕业生去参加某公司的应聘，主考官对他进行完面试，很委婉地告诉他，他不是他们所需要的人才。毕业生表示了感谢后准备离开，这时他发现自己坐的椅子上有一个钉子松动了，凸了出来，于是他本能地用自己的手掌将钉子按了回去。这时主考官叫住了他，并且郑重地告诉他，他被录取了。主考官解释道，一个能够在乎细节、随时想着别人的人一定会成为一个忠诚于职业的人，也一定会成为为集体甘于奉献的人。

那张即将掉下来的标语就是那颗"钉子"，只不过我的这些孩子们都在这样一场考试中失败了。他们输在了细节，输在了对集体的冷漠，这首先是我的责任。我是他们的班主任，是他们思想和人格的引领者，我没有用正确的方法让孩子们明白爱自己、爱他人、爱集体进而爱国家是每一位青年应该具有的品质。我每天口口声声奉行"生命教育"的德育理念，如今在一张纸面前显得无比苍白。

这件事让我更加深刻地领悟到，德育从来都是具体的，我们不缺乏口号和理念，我们缺乏的是能直达学生心灵的方法，缺乏的是让学生真切感知的道德生活。想起了著名特级教师李镇西的一句话："我们从来都喜欢把教育目标定位为培养精英、培养人才，可是从来没有把教育目标定位为培养好人。"当知识教育充斥着学生生活的每一天，当我们教师将知识传授当作教育学生的主要旨归，那么我们只能培养出头脑丰富但心灵苍白的孩子。我的这些孩子们，每天迎着晨风，怀着一颗青春勃发的心灵，带着家人的期待来到学校，如果经过三年时间的学习，最后他们只剩下耀眼的成绩和一颗麻木的心灵，那么我这个与他们朝夕相处的班主任应该是何等失败啊？我曾经不止一次地憧憬过，我的学生应该是这样的：他们刻苦努力，正直善良；他们崇尚内在，博爱宽容；他们阳光灿烂，沉稳睿智；他们思维活跃，积极向上；他们民主理性，富于创造；他们脚踏实地，胸怀天下。

我多么希望，二三十年后，当我的学生回想起他们的高中生活，尽管可能已忘记我，但是他们可以说，我在这里学到了至关重要的品质，这种品质让我过上了自由幸福的生活——那就是我无上的荣耀。

眼下，我该做点什么呢？

"碎碎念""慢慢敲""静静看"

在德育工作者的队伍里，我是一个彻彻底底的新兵，虽然有点想法，但是实际做得远远不够，离自己的理想还有很大的距离。班主任工作每天面对的都是新鲜的教育事实，教育问题层出不穷，某些不良习惯需要反复地纠正，教育的细节更是容不得有任何闪失，所以，我总结出班主任工作的三件法宝："碎碎念""慢慢敲""静静看"。

"碎碎念"是一种教育常态。以前做学生的时候不理解老师为什么那么啰嗦，直到自己当了老师才明白，教育是一种纠正，对学生行为习惯、心性思维等的不断纠正。我们面对的是还处在成长期的孩子，孩子的特征就是懵懂与健忘，任何习惯的养成都难免会出现反复，于是不停地提醒就成为教育的基本方式。这是一种技能，念少了学生记不住，念多了学生本能抗拒，起不到作用，能否拿捏好分寸就成为一个班主任成熟与否的指标。这又是一种智慧，念什么，怎么念，什么时候念，都伴随着一个班主任的思想成长，体现着班主任的工作智慧。

"慢慢敲"是一种教育方式。教育，尤其是德育，从来都不是一蹴而就的事情，操之过急必然适得其反，如同将一块璞玉打磨出来必须要经过成千上万次的反复敲打。"敲"的方式有很多，如勒令、惩戒、训话等应该都属于"敲"的方式，但这也要讲究技巧，不能以侮辱学生的人格，伤害学生的心灵为代价，教育是呵护成长。打磨璞玉是件费时费力的事情，只有轻敲细打、掌握分寸才能最终成就熠熠闪光的宝石。

"静静看"是一种教育态度。优雅的教师要有等待的心态，如同农人经营庄稼，春种夏锄秋收冬藏，不能逾时而动，违季而行，要如同柳宗元在《种树郭橐驼传》所言："既然已，勿动勿虑，去不复顾。其莳也若子，其置也若弃，则其天者全而其性得矣。"一旦我们尽了教育的职责，那么学生的成长就要任其自由发展了，我们不妨静静地守候在旁边，慢慢看啊，等待啊，欣赏啊。

特级教师程红兵说过一段富有诗意的话："德育与生产式活动无关，学校不是工厂，班级不是车间，学生不是产品。德育是育人心的，是春夏秋冬的漫长过程，有和风细雨，也有急风暴雨，有冰雪严寒，也有阳光灿烂。德育是慢跑，也是长跑，它需要的是永不懈怠，永不放弃；它需要的是永远追求，矢志不移；它需要的是始终如一，习惯如常。"

昨日学校召开"完美班级"创建交流会，我有幸在会上发言，其他三位发言的老师分别是初一年级D老师、初二年级Z老师、高一年级W老师。听了三位老师的发言，与他们相比，我深感自己做得有多么不够。D老师有留学背景，理念先进，学习能力强，工作认真细致，自身刻苦勤奋，她的班级规范、班级小组、班级日记等管理方式的创新，让我深感敬佩。W老师是位数学老师，市级优秀班主任，平时处事不张扬，但班级管理却独有一套，游刃有余，经她管理的班级总能"化腐朽为神奇"，让我不得不感叹身边"有高人"。我的发言内容是关于班级日志与学生成长，老师们都说我写得好，但是我深知自己做得远远不够，于是有感而发，总结了以上几点心得。

朱永新讲过一句话：只有做得好，然后才能写得好。我边做边记录着自己与这些孩子的成长过程，我做得不好，但是正在努力地做，我写得不好，但是记录过程让我感到快乐。我做不是为了名利，只是教育的责任使然，我写不是为了炫耀，只是热爱文字的习惯而已。做得开心，写得快乐，何乐而不为呢？

老师，您需要伞吗？

那天，我在学校食堂吃完中饭，出来的时候发现天空下起了小雨，手中正好没有带伞，雨又下得不大，我忽然产生了在雨中散散步的想法。细雨霏霏，凉风习习，这样的场景最惬意不过了。我走在食堂通往办公室的路上，雨丝打在脸上，丝丝清凉。正是放学时分，三三两两的学生从我面前急匆匆地经过，很匆忙地和我打个招呼，显然这场雨来得突然，很多学生都没有带伞，有的几个人挤在一把伞下向我问候，我很自然地回应着学生，慢慢地在校园里踱着，沉浸在一种难得的享受之中。但是雨似乎越来越大，雨点打在身上已经开始感到冰凉了，距离办公室还有一段距离，我加快了脚步。

正在这时候一把小红伞朝我走了过来，伞下传来一个弱弱的声音："李老师，您需要伞吗？我这把给您。"我一看是班上的Y，一个特别温和内敛的女孩子。还没等我反应过来，她指指前面不远处的一位女生，似乎在打消我的疑虑，说："我可以和她一起。"她是怕我不接受这把伞吗？说着把伞塞到我手里，朝同伴那里跑去。

握着手柄还有余温的伞，想起几天前我还因为她在课堂上睡觉狠狠地批评了她，"睡觉事件"之后正好又遇上家长会，我和她的爸爸是第一次见面，我把这个情况向她爸爸反映了，本来是想以此为由头了解一下孩子在家里的基本情况，没想到她的爸爸是个脾气十分火暴的人，还没等我把情况说完就火气冲冲地扔下一句"这还了得，我找她去"，走了。我当时有点愕然，真担心这位爸爸回家之后会对孩子动起粗来，那我就显得太过"卑鄙"了。

第二天我特意观察了一下这位女生，她的表现一如往常，没有异样，我稍微放心了一点，想着等过段时间再找她聊聊，把这件事说清楚。可是没想到，今天她的一把伞，将我内心的一丝不安彻底抚平了。这个平静温和的孩子并没有因为老师的"小题大做"而记恨在心，相反，她却用一份关爱深深地教育了我，以后对学生要多一点善意的平静的等待。

有时候，孩子的心灵如同清澈的湖面，我们成人的错误会在孩子的心中泛起涟漪，但是她们会很快将其忘记，复归一种平静。只是我们需要思考的是，作为家长或者老师，要向这清澈的湖水里投放些什么呢？是关爱的小石子，是智慧的金鱼，是知识的草种，还是真善美的彩贝……不论是什么，可千万不要是狭隘的、自私的、自以为是的、错误的、丑恶的（而这些又是在日常的生活中极容易产生的）垃圾啊。一旦孩子的心灵被我们污染，那么我们就是罪人，尤其是当我们以各种美好的借口，对孩子的心灵之湖投放污染之物的时候。

真心谢谢我的这位可爱学生的那把伞！

放手也是一种教育智慧

　　班级文化建设很重要的一项内容就是学生的自主管理和自我建设，只有学生积极主动地参与到班级文化建设中来，为班级服务，才能形成良好的学风和文化氛围，才能产生班级凝聚力。

　　"课前一支歌"最初是班长 P 提出来的主意，我非常赞同，放手让她去组织，没想到她和文娱委员 Z 等同学竟然有模有样地搞了起来。第三节课前，我去查堂的时候就看到同学们手舞足蹈地唱着自己喜欢的歌，很是欣慰。

　　其实这不是一个新东西，多年前几乎风靡全国的中小学，但不知为什么后来竟然不搞了，也许是很难坚持吧！但是"课前一支歌"的好处是自不待言的。首先，能增强学生的注意力，使学生的注意力能受自己意志的支配，随时朝向应该注意的位置。其次，能增强学生的想象力，能使学生学会将文字符号变为色彩绚丽的图像，甚至变成生动可感的场景。第三，有利于陶冶学生的情操，增强学生发现美、感受美、热爱美、追求美的能力。第四，能使学生处于一种兴奋愉悦的状态，使意识、潜意识更好地合作，为提高学生的学习成绩服务。第五，当然最直接的效益是有利于唱一支歌之后那节课的学习。全身心地投入一支歌之后，排除了不利于课堂学习的情绪，使干扰课堂内容的信息得到了抑制，课堂学习效率当然会提高。

　　另外就是主题班会，高一一年里，主题班会几乎都是我一手操办，原因是多方面的，而最主要的是对学生不放心，担心学生搞砸了，担心学生做不到位，担心……后来我才明白，主题班会是班级的事，是孩子们的事，应该由他们来组织，讲他们想讲的，说他们爱说的，这样才能真正取得效果，我自以为是的"包办"反而扼杀了学生参与班级活动的热情。于是这学期开始以后，我就完全放手让学生来组织开展主题班会，大家的热情很高，从效果来看，非常出色，有的甚至超乎我想象的完美。学生们自己参与主题班会，既锻炼了他们的能力，也让他们体会到了登台讲演的不易，懂得了平日里老师的不易。更重要的是，大家对班级建设的一些想法能够通过主题班会体现出来，并且形成一种影响力贯彻到全体同学中间去，这是一件多么美好的事情。教育是一种影响，《学记》中"相观而善"之谓也。

　　学校要进行主题班会展示，我放手让学生去组织，班长 P 和副班长 J 很是积极，利用放假休息的时间，充分查阅资料，最后针对班级情况，提出要召开以网络问题为主题的班会——网络，爱你，恨你！

　　我充分肯定两位同学的主张，鼓励他们积极准备，充分调动全体同学的积极性和主动性，让大家都参与到这次主题班会中，让全班同学都通过这次主题班会有所收获，两个孩子竟然就这样把这场班会有模有样地组织了下来。

　　当我看到他们翔实的班会方案时，心中着实吃了一惊，看来我低估了学生的创造力和行动力。J 忙着制作 PPT，P 忙着组织学生参与，W——这个我平时批评较多的孩子这次竟然主动承担起主持人的角色，看着他们认认真真地一遍一遍地排练，我心中有说不出的高兴。看来我平日里只是盯着孩子们的学习表现，而忽略了他们其他方面的创造力，这是一群有个性、有热情的孩子，他们可以做好，而且可以成长得更有出息。

　　班会展示的那天下午，我们的班会课开展得滴水不漏，面对着全校的听课教师，孩子们显得拘谨而兴奋，他们积极地参与着，热情地讨论着，认真地观看着……班会取得了圆满成功。当学校领导在点评中高度肯定大家时，我看到孩子们脸上洋溢的幸福，其实我心里更是喜滋滋的。

班主任管理要彻底摆脱保姆式的管教，要通过开展有效的思想和养成教育活动，让孩子们得到触动，得到认识的提升，思想的洗涤，从而彻底地获得进步，形成自我管理、自我成长的良好习惯，进而上升为班级文化。班主任要用心工作，要富有创造性地开展活动，不能只是"防"和"堵"，要主动地创造性地"疏"和"导"，要抓住关键，认准时机，对症下药。从今往后，我要多思考自己工作中的失误和不足，要不断地加强学习，要成为一个有思想、有方法、有创造力的班主任。懂得放手也是一种教育智慧！

做实实在在的德育

每位班主任在接手新一届学生时也许都会将自己的教育理想投注在每一个学生的身上，如同一个农人在春耕播种的时候就洒下丰收的美好希望。但事实总是不尽如人意，在现实的教育生活中，面对着良莠不齐甚至明显长势不良的"小苗"，"园丁们"总会产生些许的失落与惋惜。但是生活还得继续，我们只有面对，携着深藏于心灵深处的教育理想，将眼前的一切当作所有，尽心尽力地去培育，去扶持，去经营，去做实实在在的教育。

"捐款事件"的思考

2013年4月20日8时02分，四川省雅安市芦山县发生7.0级地震。一方有难，八方支援，学校团委号召开展捐款活动，为灾区人民送去关怀与温暖。我在班上做了捐款动员，但是没有强制要求每个人都捐，因为学生们是高中生了，理应有这样的情怀和担当，也有权利对自己的行为负责，他们拿着父母的钱，捐与不捐、捐多捐少都应该是学生自愿的行为，我不愿意做过多的干涉，更不愿搞个什么特殊的仪式来激发同学们的怜悯之心，多换取点捐款。

几天之后，团支书把捐款名单交给了我，只有一半的同学捐了款，我在班上将这些同学的名字郑重地念了一遍，表扬了同学们这种向善的行为。当着大家的面，我也捐了一百元，并且跟大家说了一句话："我虽然对动辄捐款救灾这种方式是有自己的看法的，但是这并不妨碍我们积极求善的心，我们每个人都应该用'善'来引领自己的灵魂。"

学生可能不见得听得懂他们的老师究竟在讲些什么，但是当着学生的面，我只能说这么多。

从小到大经历了无数次的捐款，大大小小的天灾人祸，动辄就是捐款，以至于只要听说哪里发生了灾害，我条件反射地就想："又要捐款了。"可是我从来不知道这些款最后究竟去了哪里，是否真正用在了该用的地方，我捐的那一元两元一百两百是否真的变成了灾区人民手中的一支笔、一张纸、一件衣。我们是不是除了捐款就没有别的救灾方式了？是不是捐了款就代表救助工作结束了？这种动辄捐款救灾的方式从某种程度上说何尝不是拿钱买个心安的不负责任？何况善款管理和运营的不透明，更让种种捐款行为显得离救灾本身越来越远。记得读大学的时候，我们班在三月学雷锋活动中去一所孤儿院看望孤儿，孤儿院的院长跟我们说："孩子们这些天太累了，一天要来好几拨人，有的孩子都吃坏了肚子……你们要是常来就好了。"如果没有长效的救灾体系和救助机制，我们的这种捐款和学雷锋行为，对于资助者来说很可能就是一种养懒和放纵，或者更是一种负担。

但是，我们依然要让孩子们怀着一份善念生活，这是出于人之为人的本性使然，无论任何时候都要对身边的一草一木、一人一事永怀悲悯之情，感恩之心。我之所以让学生们自愿捐款，就是想唤起他们的这种大爱情怀，想让孩子们知道，捐与不捐、捐多捐少只与自己的内心相关。正如特蕾莎修女曾经讲过的一句话："行善说到底，那是你和上帝之间的事情，而绝不是你和他人之间的事情。"因为，"善"是每个人一生中永恒的信念，无关乎此时彼时，无关乎此岸彼岸，无关乎你我他人。

"好人好事"记录本的思考

学校团委每年为每班下发一个"好人好事"记录本，要求每班将每天的好人好事记录下来，然后月月上交，以备检查。我对这一做法深表反感。我认为，"好人好事"放在社会道德教育中也许是可以的，但是不应该出现在学校，并且还要做记录，更是荒谬。毋庸讳言，"好人好事"是针对"坏人坏事"而言的，在社会生活中我们也许可以界定出"好人"与"坏人"，"好事"与"坏事"，可是移之学校，我觉得不合适。学校是什么地方，是引导孩子成长的地方，这里的每个人都是未成年的孩子，他们有着同样的趋于真善美的纯洁灵魂，他们都是"好人"，学校就是培养好人的地方，如果学校里出现了"坏人"，这本来就是对学校教育的讽刺。因此，如果登记在册的是"好人好事"，那么没有登记的是什么，难道孩子们每天在学校上课听讲求知就不是"好人好事"吗？如果这个也要记录的话，那么有多少本够用来做记录呢？反过来说，如果将捡到钱交公、帮老师打扫办公室、帮生病的同学打打饭等平常小事均看作"好人好事"而登记在册予以表扬的话，那么长此以往，我们培养起来的孩子难免不会带上道德功利的思想，做好事求表扬，帮助人要报酬也就实属正常了。既然张扬美德是学校德育工作的主要内容，那么将每个孩子当成"好人"来培养，用一系列的活动带动学生自觉地用好人的标准来要求自己才是德育工作的题中之义。如果一定要记录什么，我建议将这个记录本改名叫"功德簿"，每个孩子每一次人性的闪光落实到具体行动中就是一种人生功德的积累，"积善成德，圣心备焉"，让孩子们知道，积善是成就自己德行的一种功夫，只有日日行善，才能成长为大写的"人"。

黑板报问题反思

黑板报是学校德育工作常规检查的一项主要内容，学校团委每月都会确定主题，规定时间检查每班的黑板报，纳入班级评分。可是我总是觉得这项德育内容好像没有起到应有的作用。首先，设计黑板报的人总是宣传委员几个人，内容也多半是从网络或报刊上抄来的，没有多大新意，有的甚至经不起推敲。其次，板报出来之后，对同学们的教育意义不大，很少有同学会认真去看，尤其是在今天这个信息传播快速的时代，大家随时打开网络、电视、手机等都是新鲜的消息，谁还会认真地读一些过时的文字？用黑板报的形式来进行主题教育，对于今天的学生，其教育意义真的很有限。

于是，我就想，可否采用"文化墙"的形式取代"黑板报"。所谓"文化墙"即让"墙壁能够说话"，使墙壁成为学生表达自我个性、发挥想象力与创造力、关注国家民生、抒发内心情感的一种载体。学生们可以分成小组来承包属于自己的"责任墙"，在"责任墙"里，学生可以按照自己的关注点来进行装扮，只要是积极向上、思想健康的内容和形式均可上墙，并且要及时更新。老师可以根据学生的创作进行评比。这样的话，墙壁成了学生们表达自我的阵地和展现自我的舞台，大家的积极性一定会提高，德育效果也会更好。同时，如果这样的"文化墙"能够如同当年北大的"三角地"一样，成为一块思想争鸣、灵魂舞蹈的地方，何乐而不为呢？

德育是要实实在在地做，只有将真善美的种子种植在学生的心灵深处，才能期望有一天德行之花处处开遍。在现实的德育生活中，我们需要不断创新方式，积极探求符合教育规律、学生发展和时代特色的德育模式，将德育方式推陈出新，成就真正的教育生活。

"转学"风波

　　高三开学报到的那天，在门口遇到了Q同学的爸爸，我以为他是给孩子来办理开学手续的，孰料他的第一句话就是："李老师，我想给孩子转个学校！"Q是我班上成绩最好的学生，大有希望冲击重点大学，现在就剩高三一年了，老师们都正希望这孩子为学校增光添彩呢，怎么忽然要转走？作为班主任，这么好的学生流失首要的责任在我，我请她的爸爸到办公室坐，想了解他要把孩子转走的理由。她的爸爸阐述了两点理由：第一，离家太远，高三这一年不方便照顾孩子；第二，孩子成绩突出，已经在现在的班里没有竞争对手，想找个更有竞争氛围的学校。这两个问题确实存在，但是我也表达了自己的观点：首先，高三转学，环境的适应会影响孩子的学习状态，这是冒险的；其次，高三的学习意识是自我营造的，到了高三大家都会努力一搏，竞争氛围一定不会缺乏；第三，作为一名优秀的学生，在现在的环境中会得到老师更多的重视和关照。她的爸爸听了我的话决定再和孩子商量一下，但中午来找我时还是决定要转走，我多少有些遗憾，但这是孩子和家长的共同决定，我只能尊重。只是我还有点"不死心"，决定找Q谈谈。我向Q讲述了自己初中转学的沉痛经历，再次重申了这时候转学的风险，我们足足谈了半个小时，但是Q态度很坚决，无奈之下，我只能签字放行。

一波未平一波又起。一周之后，J同学的妈妈也拿着转学申请来找我，J的成绩并不是很好，学习状态也属一般，转学的理由还是不方便照顾孩子，想让孩子离家近点，有个更好的学习环境，所以决定转到一所县城的省重点中学。我有点无语，这次我请年级组的其他科任老师做J的工作，但是均告失败，最后我只能再次签字放行。

开学伊始，两名同学转学，这对我来说是一个巨大的打击，我不得不反思自己的班级管理，也许主要的原因在我这里。我陷入一种前所未有的失落之中，将这班学生带到现在，我觉得自己已经尽力了，这些学生却毅然决然地离开，这让一向自诩高扬生命教育旗帜的我感到非常沮丧。反思之后，我觉得有几点理由可以归咎于自己：

第一，班级管理不够严谨，很多制度执行力不够，让班级常规不令人满意。于是我马上制定了"高三公约"，规定了高三的各项纪律，其中侧重落实，如果班规没有执行或者执行力不强，那么很难奏效，我只能以此为入口整肃班风，以期后效。

第二，班级学习氛围不是很浓。这和我思想工作没做到位有一定的关系。很多学生目标模糊，学习方法不当，学习效率不高。于是我要求学生每人制订一个学习目标和学习计划，详细地写清楚自己的奋斗目标和落实步骤，然后将这些目标和计划贴在教室里，让大家彼此监督，互相督促，以此来促进班级学习氛围的营造。

第三，加强班级常规管理，每堂课让班委干部做好课堂情况登记，及时反馈班级内部情况，以期在过程中随时发现问题，及时做出调整。

"特殊"的班规

进入高三，心头的压力陡然增大，三年的早出晚归，三年的酸甜苦辣，到瓜熟蒂落的时候了。作为在省城带的第一届学生，我对这些孩子倾注了一种别样的情感，他们既是为自己的梦想在奋斗，也是为我的梦想在奋斗，我和他们一起在成长，我感念这些学生。

但是近来很多科任老师反映，班里的学习气氛不够浓厚，很多同学自觉性极差，没有进入高三的复习状态，为此我心里十分着急。思来想去，结合老师们的建议，我拟定了一个"高三公约"，将初稿发给每位同学征求意见，再综合意见进行修改，最终形成了定稿。

文一班高三公约

为确保全班同学能够顺利升学，实现自己的大学理想，全班同学在高三一年里务必全力以赴，持之以恒，科学复习，张弛有度，追求效率。经班级研究讨论，文一班特制定如下公约：

第一，入室即静，严禁在教室里喧哗打闹、闲聊海侃、吃零食等与学习无关的行为；不得迟到早退，无故旷课。如有违反，经教育仍不改正者，将与家长取得沟通。

第二，严禁携带手机等电子产品进入课堂，如有特殊情况，请将手机于每天早自习前交由班主任保管，下午放学时领回。如有违反，班主任有权将电子产品暂时保管。

第三，全体同学必须认真完成作业，如有作业缺交、迟交、不交、抄袭者，罚打扫当日教室卫生一天，次数超过三次者，将通知家长领回进行教育。

第四，教室是我家，干净整洁的环境是学习的首要条件。严禁在教室吃早餐、零食等，发现一次，罚打扫当日卫生一天。不得随地丢垃圾，座位下不得有垃圾，生活委员协助班主任检查督促，每日不定期检查三次，如发现有垃圾者，罚打扫当日卫生一天。

第五，严禁考试舞弊。发现舞弊行为一次者，班主任谈话教育；发现两次者，通知家长领回进行教育。

第六，严禁私调座位、不遵守课堂纪律等行为。如发现私调座位（如有看不清黑板等情况，请向老师言明，以便及时更换位置），上课说闲话、睡觉、恶意起哄等行为，通知家长协助教育。

第七，表彰学业先进者。结合常规表现和月考成绩（不局限名次，着重进步较大者），每月评出三名学习标兵，公开表彰并进行适当的物质奖励。

第八，表彰常规先进分子。结合班主任及班委同学的意见，经全班同学评选，每月评出两名常规先进分子，公开表彰并进行适当的物质奖励。

第九，鼓励互帮互助，共同学习，如有表现较为突出的学习团队，班级将公开表彰并进行适当的物质奖励。

以上公约，从颁布之日起实施。

高三文一班

2013 年 8 月 29 日

　　这样的"班规"之于高三，是不得已而为之。高三是拼毅力、拼信心、拼方法的一场持久战，如果没有基本的规矩，那么复习的效果很难保证。我一向不主张将学生管得太死，出台过细过多的班规，既不好执行也会扼杀学生的创造力和个性。但是高三却必须这么做，因为这是面对应试教育的积极回应，既然我们选择了这样一种生存方式，就必须去积极面对，寻求效益的最大化。从高考走过来，我深知没有扎实的复习和持久的刻苦就不可能赢得这场考试，所以我只能用纪律唤起学生的战斗力，从而逐渐形成积极正面的班风，为孩子们赢得未来保驾护航。当有一天他们真正懂事的时候，也许就会理解老师的一片良苦用心了。正如吴非老师在《通过封锁线》一文中所说的："如果我的学生半夜里要通过敌人的封锁线，我能教他大声咳嗽吗？我能教他边走边唱吗？高考的规矩那么多，是很难大摇大摆地通过的。"

　　祝福这些孩子，希望明年的六月他们能够蟾宫折桂，金榜题名！

难以言说的"代沟"

学校又举行主题班会竞赛，题目是"我的大学梦"，班委会的同学们设计的方案很不错，班长 P 的主持也是精彩流畅，整个班会获得了评委们的一致认可。倒是班会中的一个环节引发了评委们的争论。在班会上，当主持人问同学们心目中理想的大学生活是什么样子时，大家发言很踊跃，但是回答竟然是这样的：

"二十四小时热水"

"独立的卫生间"

"要有空调"

"丰富的社团活动"

"食堂的伙食要好"

"要有帅哥"

……

担任主评委的 J 老师在会后的点评中不禁愤愤然：现在的学生都怎么了？究竟是去上大学还是去享受？

是的，我很后悔在这个环节没有对学生进行必要的指导，让学生们太过"放纵"，但其实也正是因为没有我的干预，大家的表达才具真实性和代表性，更能说明问题。用我们的理解来讲，好的大学至少要具备这样三个条件：首先要有大师，其次要有丰富的藏书，最后要有厚重的文化底蕴和一流的教学设备等，这才是大学真正的价值所在。青年人不能只是奔着形而下的物质主义去上大学，大学是锻造精神的地方，跟这些物质享受都无关。可惜，我的学生们没有一个有这样的认识，有这样的高度。

难道这就是"代沟"？

一直觉得自己还算紧跟潮流，每天也喜欢刷刷微博，看看时事，偶尔也会关注一点八卦新闻。但还是渐渐发现学生们喜欢听的歌，我听都没听过；学生们喜欢谈论的话题，我听都听不懂；学生们喜欢玩的东西，我根本无法接受；学生们的穿着审美，更是与我格格不入……于是就喜欢责备学生的不是，总觉得自己引导给他们的就是一条阳光大道，除此以外，别无他途。做老师久了，好为人师的毛病也越来越严重，尽管我一直努力地让自己不显得武断和粗暴，但是烦琐的事情越多就越想快刀斩乱麻，于是有时候就难免缺乏耐心，缺乏从容。

很多家长向我讨教，孩子现在很是叛逆，总是听不进大人的话，怎么办啊？我有时候还会以一副过来人的样子给家长出主意，可是想想，自己每天苦口婆心，学生们真的听了吗？我每天精心准备的自以为深刻的话，三天后，三年后，十年后，学生们还会记得几句呢？

倏忽高三，又要面对一届学生的奋斗与离去，不过稍有不同的是这是我在长沙带的第一届学生，也是我花费心血最多的一届学生，我希望他们能够走得更加顺利，未来更加辉煌。想到这些心情就陡然沉重起来。

我在老去，我与学生们什么时候竟然有了"代沟"，但是到了高三，我想我们又是殊途同归，高度一致了。我不想回忆我的高三，那是苦役，那是一场与自己的搏斗，每一个走过高考的人都不会轻易地说自己的高三过得没有一点压力。面对我的这些至今还没有进入高三状态，还游走在幻想边缘的学生们，我觉得自己有几分失落和几分无奈。这些年的教育生活让我明白，学生的优秀决定性因素在于学生的自省和自觉，自省的学生会不断磨砺自己，变得越来越优秀，自觉的学生会寻找机会，主动地发展自己，这是一种重要的品质。一个没有自省能力、没有自觉素质的学生，在德业上的成长会很慢，他的成功也将是很难预期的。而我面对的就是这么一群自省和自觉能力还很差的孩子，我只能慢慢地扶着他们，能走一步是一步，慢慢地往前挪，尽管我也不知道尽头在何方……

我希望在这里我们没有"代沟"。

教育需要仪式

2月22日，学校组织全体高三学生举行了高考冲刺百日誓师大会，横幅、口号、激情……这样的场面尽管经历过无数次，但是每次我都会感动，正如有人说的："教育从某种意义上讲就是一种仪式。"百日宣誓，也许正是基于这样的目的，让学生们在一种神圣的仪式中受到感召，引发内心的触动，进而落实到行动之中。这就是教育，只不过这种教育方式因为目的性太强而显得多少有些悲壮。

奉年级组之命拟写学生们的誓词，写的时候我上网浏览了一些学校的誓词，有的太过惨烈悲壮，如"如火六月，决战沙场；日月可鉴，誓创辉煌"，大有"不成功，便成仁"的决绝；有的太过豪气冲天，如"战舰扬帆，雄鹰展翅，誓圆大学梦想。此心不改，此行无憾，此举天地共鉴"，口号太大，务实不足。我想百日誓师既是一种精神仪式，也是一种理性指导，我不想将高考比作战争，将誓词写得血淋淋的，也不想让学生空喊一通，不知所以然。于是，拟了这样一段话：

在离高考100天的日子里，

我们

全体高三学生，以青春的名义宣誓：

从今天起，发誓做一个上进的人，珍惜时间，积极备考。

从今天起，发誓做一个认真的人，主动学习，决战课堂。

从今天起，发誓做一个坚强的人，勤学苦练，保质保量。

从今天起，发誓做一个执着的人，瞄准目标，发奋图强！

把决心化作智慧和力量，

用行动掀开人生新的篇章！

拼搏每一天，让平凡成就梦想，

奋斗一百天，让高考见证我们的辉煌！

这里既有对学生接下来一段时间的心理指导，又有学习方法的提点，虽然平淡朴实，缺少那么一点激情和豪迈，但是有我良苦的用心和对孩子们殷切的期盼。

一晃又一届学生要送走了，这一届学生对我来说有着特别的意义。在三年的岁月中，我在他们的身上倾注的心血最多，和他们一起经历的事情最杂，难忘的事情最多，而我也由带这一届学生开始从一个教书者逐渐转变为一个教育者，对教育的观察和思考有了新的起点。我认识到教育者心目中的世界应当永远美好而纯粹，即便我们出发的地方是一片混沌与污浊；教育者的情怀应当永远单纯而热烈，因为现实需要我们经历无数失望痛苦彷徨坎坷；教育者的精神应当永远真诚而高贵，纵然物欲横流红尘泛滥，我们都不能丧失自我。

更让我激动的是，在一百多天后，我将迎来生命中另外一个重要的人——我的孩子。我和他的妈妈每天都激动着，谈论着他的样子，他的名字，他的成长，他的教育……父母和老师，这两种角色在一个特殊时刻里的重叠让我产生了一种无比美妙的幸福，也让我更加坚定了自己对"生命教育"的追求，指引自己的孩子和别人的孩子成就一种幸福的人生，这就是我的教育理想。

教育是一种陪伴，是一种呵护，是一种辅佐，是一种依赖，是一种信任，是一种提升，是一种成就。做了爸爸，我才深刻体会到每一个生命的意义，他们成长背后伴随的悲喜哀乐，伴随的家庭的沉沉付出和殷殷期盼。

偶然在朋友的空间里看到这样一篇文章，题目是《教师子女教育之痛》，文章的观点是：城市里的中小学教师能把自己的孩子培养成优秀人才的并不多，即便是十分优秀的中小学教师，他们的子女能成为杰出人才的比例要大大低于其他知识分子阶层。文章分析的理由是：第一，角色混乱——常把家庭当学校，导致孩子失去个人独思的空间，总是处于屈从的心理状态，极难获得最大创造型个性的发展。第二，职业惯性——再教育意识薄弱。大多数一线教师丧失了对新知识的感知力，普遍陷在烦琐、庞杂的事务性工作中，每天的时间都被教学任务挤占得满满的，导致在孩子的眼里，这类身为教师的父母并不是真正的知识分子，只是一个捧着书本谋生的人而已。那么，在孩子的潜意识里也不会由衷地尊重知识。第三，社交狭窄——人脉资源贫乏。长期单一而封闭的校园生活，使得教师的心智也普遍单纯且不善交际，无形中限制了孩子的活动空间，孩子的视野也会相对窄小，在个性上都显得小心谨慎，缺少敢闯敢拼的士气。

虽然文章观点谬误甚多，不堪推敲，但也引起了我的反思，如何成为优秀的父亲和优秀的老师将会成为我未来的全部事业，我将竭尽所能，为这项事业而奋斗，因为我知道孩子的笑脸和学生的笑脸是一样的，孩子的幸福与学生的幸福是一样的，孩子的成功与学生的成功是一样的……

假如我遇到这样的事

这几天天气变化比较大，俗话说得好，"三月的天，小孩的脸"，刚刚还是艳阳高照呢，忽然就狂风大作，"黑云压城城欲摧，山雨欲来风满楼"了，接着瓢泼大雨就来了。

在教室里上课的孩子们看见窗外的瓢泼大雨，枯燥的题目再也不能吸引他们了，于是全然不顾 M 老师的讲解，纷纷看向窗外叽叽喳喳地议论开了。M 老师正讲得投入，看到学生注意力完全转移，顿时火冒三丈，当即卷起书本，冲出教室，找到我这个班主任，丢下一句"这课我实在上不下去了"，然后气冲冲地走了。

M 老师是我们的教学前辈，我这个年轻班主任怎敢惹得前辈这么生气，我一时诚惶诚恐，急忙冲进教室，看到的是孩子们紧张的面孔，我心里气得几乎要爆炸了，但是仍尽力克制着，一直没有说话，只是静静地看着他们。孩子们知道犯错了，个个把头埋到课桌下，我知道大家一定等待着一场比窗外更激烈的暴风雨的降临。我久久不说话，心里告诉自己，不能动怒，不能动怒，否则教育的意义就随着一场怒斥而淡化了。此时教室里安静得可怕，只有窗外的雨还在哗啦哗啦地下着。我一直没有说话，一直挨到下课，没有责备他们一声，默默地走出了教室。

其实，我不说话，一是想惩戒一下这些孩子，让他们知道不被别人重视的感受。另外一个原因是，我不知道怎么说。我能理解 M 老师当时的心情，但是，作为一个有着多年教学经验的老教师，我不是很苟同他的这种做法。这是教学突发事件，老师甩手就走是一种不负责任的表现，而把所有的责任推给班主任更是在学生面前体现了自己的无能。

如果是我，我会这么做：我会和学生们说，同学们，窗外的雨很大，那么就请大家起立，让大雨清醒一下你们因为做题而变得混沌的脑袋吧。给大家两分钟时间，清醒了我们再来讲……

两分钟的时间，与其让他们心猿意马，不如让他们放松一下，伸伸胳膊蹬蹬腿，观赏一下雨景，两分钟后再来继续讲课，耽误不了什么，效果反而更好。

我不是说自己有多高明，因为这样的事情毕竟不是自己遇到，事后诸葛亮总是高明的。可是，至少甩手走人是多么的不应该啊……

祝福孩子们，感谢孩子们

随着 2014 年高考最后一场英语考试铃声的响起，我的这一届学生毕业了！

孩子们纷纷走出考场围在我的身边，没有疯狂的拥抱，没有放肆的发泄，他们谈论着考试的细节，向我询问着接下来的安排。H 同学一脸迷惑地说："老师，高考就这么结束了，我怎么没有感到轻松……"这是我期望的场景，我觉得一场考试，不应该成为孩子们人生的终点，经历本身才是教育的追求。

HL 同学走过来抱住我说："老师，如果我考不好，我会听你的话，做个好人。"这个孩子淳朴踏实，平时在班里总是默默无闻地做事，什么脏活累活抢着干，凭着这种韧劲和踏实，他以后的人生之路会越走越宽广。

PW 同学远远地看见我，满脸欢欣地打招呼："李老师，我考得不错！"真好，这个时候，最令人高兴的不就是这句话吗？PW 是个清秀美丽的女孩，高一高二时成绩平平，经常生病，不是感冒就是不舒服，我最怕收到她的短信，为她我没少受学校领导的批评。可是高三的时候她忽然小宇宙爆发，成绩突飞猛进，竟然进入了年级的前列，让所有的老师刮目相看。她让我明白了一个道理：不要对任何一个孩子过早地下结论，耐心宽和地陪伴孩子成长是最好的教育。

晚上，SY 发来短信："李老师，三年来您辛苦了，我们让您操劳了许多，现在我们毕业了，希望您的下一届学生没我们这么让您操心，希望老师您身体健康，家人身体健康，这几天好好地潇洒一把吧。"SY 是个心怀感恩之心的孩子，记得一次我问她梦想是什么，她说，将来想当一个老师。这个孩子如果将来成为老师一定是个非常优秀的老师，她的热情与感恩会影响她的学生，这就是教育生生不息的力量。深深地祝福你，SY！

......

6月8日晚，滴酒不沾的我，第一次喝了酒，微醺。三年的时光，弹指挥间，一千多个日日夜夜，如同一条缓缓流淌的小溪，在不知不觉中已经流走了，再也不会回来了。这三年里，我与这些孩子们一起成长，有过痛苦，有过欢乐，有过迷茫，有过觉醒，但此刻都化为了一种依恋。这种依恋在我送走每一届学生的时候都会产生，但是唯有这一届似乎有点不同，因为在这一届学生的身上我倾注了太多的心血，留下了太多的回忆，经历了太多的苦痛挣扎。教育是磨血的事业，我在这届学生身上体会最为深刻，几乎每个孩子都个性突出，棱角分明，都或柔软或强烈地触击到我的教育底线，让我重新审视自己的教育生活，我与他们一起感受着拔节成长的苦乐。三年时光，预示了我的教育生命又走过了三个春秋，正如我在孩子们十八岁成人礼仪式上讲过的一句话："高中教育注定只是你们生命中的一处风景，而之于我们老师，却是穷尽一生的事业。"

我衷心祝福孩子们，感谢孩子们，是他们让我的教育生命更加丰满圆融。

呵护 生命

　　生命就是一种真实的知觉！教师要好好呵护每一个生命个体，使其有所追求，最大限度体现它的价值和意义，带领学生以平和的心态对待人生的起伏得失，更好地获取更长久的生命安宁。

做学生精神生活的榜样

"精神生活极其丰富的榜样"是苏霍姆林斯基对教师精神素养的概括性要求。他说，教师"对于学生来说，应当成为精神生活极其丰富的榜样，只有在这样的条件下，我们才有道德上的权利来教育学生"，"教师的个人榜样——这首先是指他的信念的力量，他对科学的热爱，以及他的道德面貌（用自己的智慧、理智和知识为社会主义社会的崇高理想而服务）"，"教师要成为学生知识的源泉，就要永远处在一种丰富的、有意义的、多方面的精神生活中"。

现实生活中，自己一直自诩是个精神生活的孤独追求者，在当下的环境中，自己还极其"幼稚"地认为，人是可以过一种精神纯粹的生活的，因此一直在教育行当的清贫中坚守一点自以为是的尊严，并且想以此影响我的学生。尽管我也不知道这种影响是否有用，或者说这种影响对学生是否有好处，但是今天的一件小事却让我深受震动。

这件事要从开学初说起。开学时，我让 LX 做班上的生活委员，LX 是个来自农村的孩子，朴实诚恳，阳光灿烂，喜欢打篮球，是我原来班上的学生，在高一一年的时间里，他原本成绩中等偏下且严重偏科，但通过不断努力逐渐追赶上来，并且顺利地考进了文一班。在他的身上有着农村孩子的韧性和拼劲，我很是欣赏，也一直对他鼓励有加。之所以让他做生活委员，我是经过慎重考虑的，生活委员是个苦差事，平时琐琐碎碎的班级事务加上每天要督促大家搞好卫生，很多城市里的孩子是不愿意做的。于是，我想让LX来试试，他欣然答应。

没想到开学没多久，他就跑来向我辞职，觉得做这个"官"实在太麻烦了。我起先不同意，后来他又找了我好几次，我就答应让他先暂代一段时间，然后伺机再换别人，他勉强同意了。

今天下午开班会的时候，我无意中讲到了一个观点，就是人要学会坚持，坚持把小事做好，才能成为做大事者。我还大言不惭地举了自己坚持写班级日志的事情，并欢迎同学们在日志上为我留言。

晚上，我的手机响了，是一条短信，LX发来的，信息内容是这样的：

老师，我读了您的班主任日志，深有感触，也深感惭愧，我决定继续担任生活委员一职。其实我不是没有能力，而是想推托这一烦琐的职务，只想每天放学早点回去，不用检查卫生，不用唠叨同学说卫生没有搞干净，不用对卫生负责。其实我觉得自己还是一个集体荣誉感较强的人，愿意为班级出力。最近推托担任生活委员这件事，我深感自己的错误，我想您选择我当生活委员一定有您的理由，我也愿意继续担任这个职务，并且做到最好。

忽然很感动，我已经很久没有收到过这么真诚感人的短信了，一时竟然不知怎样回复这个可爱的学生。晚上吃饭的时候，我和爱人分享了这条短信，我们同时被一种师生相互信任和理解的温暖所激励着。由此我便想到了苏霍姆林斯基关于教师人格魅力的论述。其实自己做得远远不够，但是如果我的文字真的感动了这位同学，那么我应该感到欣慰，更应该感到快乐，因为我同样也收获了一份来自学生的真诚回报，这种师生之间精神上的相互欣赏应该会成为我教育生涯中弥足珍贵的回忆。

呼唤"阳刚教育"

　　新学期的第一篇作文交上来了，在批改作文的过程中，我将写得比较好的作文挑选出来，准备讲评的时候作为范文，可是当我清理这些作文的时候却发现，这次作文写得好的竟然都是女生。这让我有点诧异，不禁想起著名教育家孙云晓教授在其《拯救男孩》一文中所讲到的"男孩危机"的问题。而且，最近由上海虹口区教育学院副院长纪明泽领衔完成的《中小学男生学业劣势现象研究报告》中也指出，当今教育明显呈现阴盛阳衰、男不如女的状况，令人担忧。

　　作为一线的教育工作者，我只能用切身的体会来看待这个问题。我的班级是文科班，班上 61 名同学，其中 13 名男生，这种比例在文科班本不是什么新鲜事，但是我想男生学了文科应该会在各方面更加突出吧，可事实并非如此，连写文章这样的事情男生都不如女生，这实在令我吃惊。照理说，男生思维活跃，富有思想，阅历广泛，善于表达，应该可以写出很漂亮的文章，可是收上来的男生作文却是文辞粗糙，通篇口水四溢，甚至文字潦草，丑书恶扎。长此以往，男同学在未来的考试中考不过女生也就成为必然。

　　造成这一现象的原因是什么呢？

　　纪明泽教授在其报告中说，在现行的教育环境里，男女先天差异中女生的优势部分被扩大，而男生的优势很难得到体现，这就形成了女生的应试优势。他还列举了男女生主要的几点差异。第一，生理结构的差异。在信息记录、语言加工以及脑活动等方面，男女存在显著差异。在完成语言和空间任务的时候，女性脑部的活跃区域要多于男性，女性掌握词汇的能力、连词成句的能力往往比男性强。第二，性格的差异。男生活泼好动，注意力难以长时间集中，而女生往往文静、听话、勤奋，上课认真听讲，按时完成作业。这就使得在现行的教育环境里，女生更可能会得考试高分。第三，时间管理能力的差异。由于女性在时间管理能力上的先天优势，使得课堂学习更有利于女生。男女在时间管理能力上的差异还表现在完成家庭作业的时间上，通常男孩在事前计划方面有一定的困难。这种天生的时间管理能力的差异，还会更有利于女生在限定的时间里考出好成绩。他指出，静态教学模式不科学，当今的学校教育并没有体现出适合男生的学习方式。"男性的运动特质在学校教育中没有得到体现，在学校里只能长时间坐着学习，实践教学少得可怜。在农场、集市等自然环境中的实践学习几近绝迹，而书包却越来越沉重，肢体运动的活跃，在许多传统教育中不再被视为精力旺盛、充满活力。"

这份长长的分析报告，理由都切中肯綮，激起了我这个一线教师的共鸣，但是我觉得原因还远远不止这些。在长期传统重男轻女思想的影响下，当今男孩培养方式的"女性化"也是重要原因之一。很多家长将男孩看得过重，照顾得过好，让男孩子失去了自我成长、锤炼意志的机会，成了"养在深闺人不识"的"伪男"。前段时间网报，某大学一男生因不能忍受军训的艰苦，毅然选择退学。在记者采访时，该男生还说："我觉得这是世上最痛苦的事了，我实在无法忍受，太苦了，我宁可退学。"

呜呼哀哉，我说不出话！

作为一名教育工作者，我真切地呼唤教育中男生精神的回归，渴望男生的雄起，希望找到适合未来发展的"阳刚教育"模式，让男生真正回归到本性发展的轨道上来。教育的目的是让人之为人，并且激发出超我的潜能，而不能成为一种原始本性的"阉割"方式，否则就太可悲了！

心态调整

如今，做个教师难，做个好教师更难，因此特别需要调整好自己的心态，这不是大道理，而是最实在的道理。很多专家总是在各种场合说，要做个单纯快乐的老师，要做个敬业乐群的老师，要做个清静优雅的老师。可事实是我们每日沉浸在无尽的琐碎与压力之中，想要从容，已然很难，要想快乐，更非易事。

这些年我一直不断地调整自己的心态，试图去达到专家们理想中的从容优雅的境界，尽管很难做到。教师也是人，也需要有正常的生活，渐行渐思，觉得有几点心态是教师必须要做到的。

第一，任尔东西南北风，我自岿然不动——执着之心。

红尘俗世，教师首先要对物质利益看得淡一点，当你选择了这个职业，注定要清贫守身。在如今许多人以"物质至上"为价值评判标准的环境中，这对于刚刚进入教师队伍的年轻人来说，显得尤其艰难。跟朋友们在一起的时候，三言两语就聊到了收入，看着身边当年一起求学的同学买车、买房也着实羡慕，可是每个月那点薪水，任凭市场经济潮来潮去，钱包仍然风平浪静。那么既然这是职业本身决定的，就看淡一点吧，毕竟我们干的活不是直接产生经济效益的，学生也不是商品，可以随时上市拍卖。工资少了，毕竟还没有失业；房子小了，毕竟还没有流落街头；四轮开不起，自行车环保又健康。提醒自己，活得不要那么累，干嘛不是活着嘛！

第二，采菊东篱下，悠然见南山——平静之心。

浮躁的时代里，教师是必须要沉静下来的一个群体，我们每天面对着鲜活的生命，他们等待着我们的滋养和浇灌，太浮躁是搞不好教育的。平和一点，让我们的心灵在这个速度奔腾的社会里找到一席安放之地。教师这个职业有着本身的尴尬之处，我们要交给学生一个世界，必须有渊博的知识和广阔的视野，而学校的四面墙却又隔绝了我们与社会的联系。在这样的尴尬中，我们依然要寻找突破，唯一的方式就是——读书。去读书吧，教师是多么需要书本的滋养啊！我们要将源源不断的源头活水注入学生的心田，这源头活水就是读书。读书可以让我们自信地站在讲台上传道授业，激情挥洒；读书可以让我们有尊严地在一届届年青心灵中植入一种叫思想的东西；读书可以让我们认清自己，认识现在，感知未来，创造生活。所以，静下心来，去读读书吧！

第三，自闭桃源称太古，欲栽大木柱青天——奋斗之心。

每个年轻人都会在单位里受到一些"好心"长辈的教导："书教得再好，也还不是教书，差不多就行了。"我就不止一次地接受过这样的训导，但从来都是左耳朵进右耳朵出。我是农民的儿子，从小父亲就指着庄稼地里绿油油的禾苗对我说："每一颗庄稼都是有生命、有感知的，只有勤劳的人才能收获丰收，那是庄稼对你汗水的认可。"所以，在我参加教育工作的日子里，我始终以一个农民对待庄稼的心态来面对我的学生，面对我的工作。我很努力地读书、写文章，积极地参加各级各类的教学讲座和教学竞赛。我知道我要勤奋，我要付出汗水，并且我知道这些都会得到"庄稼"的回报，我要收获丰收，而不是"差不多"。年轻人，处在激情满怀的季节，教育事业是一片沃土，值得我们为之付出全部的青春和热血，我们为何不努力去有所为呢？

面对长辈们的"奉劝"，要善于分辨，不要自我消沉。激励自己：做一个天天向上的好青年吧！

　　拥有这些心态，进可有为，退可有念，教育工作就会从容优雅起来，而做个优雅的教师，赠人玫瑰，手留余香，有什么不好呢？

想象力的培养

我所在的学校，生源比较复杂，学生大部分来自城市，有小部分来自乡村。教学愈久，就渐渐发现，时下城市里部分孩子的想象力真的太苍白了，农村的孩子似乎还要更胜一筹。想象力是创造力得以发展的基础，想象力缺乏的人是无法进行创造性劳动的，即使是做一个车间工人。

在教学中，经常出现这样的尴尬，每当教师的平面叙述需要用到想象力来拓展的时候，我发现孩子们表现出无奈和茫然，他们不知道该如何去开展想象。想象力的缺乏，反映出的是孩子们心灵世界的荒芜和苍凉，而失去想象力，孩子们将永远不可能拥有创造力。苹果掉在了富有想象力的牛顿头上才会有万有引力的发现；炉子上冒着热气的水壶被富有想象力的瓦特看到才能改良出蒸汽机；富有想象力的莱特兄弟正是看到了鸟儿的飞翔，才想象到人类的飞翔，于是发明了飞机。

想象力的重要性，有时候大于知识本身。哈尔滨工程大学兼职教授沈致隆曾经在《科学与艺术的交锋——兼谈"钱学森之问"》中谈到这样一个事例：爱因斯坦的相对论诞生以后，一直很少有人理解并接受，直到1919年5月发生日全食，英国科学家在非洲和南美洲都观察到，光线通过太阳引力场时发生偏转了，与爱因斯坦根据广义相对论数学推导出的偏转角度一样。由此，广义相对论逐渐获得世人认可。对此爱因斯坦是这样说的："当1919年日全食证明了我的推测时，我一点儿也不惊讶。想象比知识重要，因为知识是有限的，想象概括着世界上的一切，推动着进步，并且是知识进化的源泉。"

诺贝尔文学奖获得者莫言在谈到想象力的时候曾戏言，他的想象力是在封闭的农村和在饥饿中培养出来的。因为农村的封闭，他经常去想象山外的世界；因为饥饿，他不可避免地想象香喷喷的饭菜，并通过这种方式来让自己得到温饱和快乐。这虽然是戏言，但却也是真正有体验的培养想象力的看法。

有时看学生们的作文，本该激情飞扬、青春四溢的高中生作文，我看到的却是干瘪苍白、毫无意趣的"口水话""流水账"。小小孩子，理性得如同历经沧桑的老人，从小到大的标准化考试，让这些孩子已经不敢去想，不敢让思维天马行空。被束缚的灵魂注定是苍白的，是畸形的。在一个有标准答案的考核体制中怎样才能产生天马行空的想象，怎样才能让心灵成为风驰电掣的跑马场？而且标准化考试还让想象力变成了一种近似无聊的猜测，每年高考前夕的各种猜题、押题等行为就是对想象力最好的负面诠释。我们为什么会热衷进行这样的考试？

培养想象力首先要打破的就是这样一种体制，孩子们的头脑是用来思考问题，而不是来猜命题者的心思的。我们来看看2012年法国哲学考试试题。

问题1：没有国家我们能够自由吗？我们是否有义务寻求真理？评论。

问题2：人们通过工作收获了什么？所有信仰都违背理性吗？评论。

问题3：工作仅仅是为了做个有用的人吗？是否存在天生的欲望？评论。

考试时间：4小时。

看着这样的题目，教了这么多年书的我忽然觉得自己是多么鄙陋和不堪。基础教育应该摒弃一味地知识竞技的做法，通过激活学生的形象思维和灵感思维，培养学生的想象力和创造力。

培养想象力更需要静下来，少点纷扰和着急，让教育如微风拂柳，如春夜喜雨，让学生有时间去倾听自然与心灵的声音。小时候在家乡放牛，每当躺在草地上仰头看着蓝天白云时，我的思绪就自然飘飞，想象如同插上翅膀任意翱翔。那是一种很美很美的体验。而今天生活在城市里的孩子们呢？游戏、动画、蹩脚的泡沫剧、灯红酒绿的社会现象充斥着他们的生活，他们没有时间静下来，他们只会对着明星尖叫、对着社会周遭狂呼、随着人群前冲后撞，他们没有反观自我的时间，又如何能奢望拥有想象力呢？

当然，想象力的培养还需要教师自身素养的提升，如果教师自己就是一个毫无趣味、想象枯涩的人，何谈学生想象力的张扬呢？以我所教学的语文科目而言，"创造离不开想象，在创造力的所有品质中，想象力是最可贵的，也最难以培养"，因此潘新和教授指出，"在语文教育的智能培养中，没有什么比庇护、开发、发展学生的言语想象力更重要的事情了"。在教学中，为了呵护好、发展好学生的想象力，我一直在努力做到以下几点。第一，加强文本的细读。用言语的具体、形象、生动，来激发学生的想象力。比如笔者在教学李清照《醉花阴》一词时，就与学生一同品鉴"人比黄花瘦"中的"瘦"之意境、"瘦"之形象、"瘦"之情感、"瘦"之意蕴等。第二，懂得课堂"留白"，给学生再创造的空间。如：利用故事或艺术，结合教学内容，要求学生对静物作动态的想象，变无声为有声的想象，对抽象作具体形象的想象，对无色事物作有色事物的想象，对个别事物作概括的想象。通过这一系列想象形式的训练，学生便能逐渐掌握静观默想、浮想联翩的本领。第三，尊重个体差异，呵护学生的想象之苗。"立足于个性差异，注意发现学生具有个性色彩的想象，加以细心的培植和养护，鼓励和褒扬，使之得以健康地生长，切勿用一种模式去规范学生的想象。"

学习动机

学习动机是指引发与维持学生的学习行为，并使之指向一定学业目标的一种动力倾向，它包含学习需要和学习期待两个成分。进入高三以来，我投入精力最大之处就是思考如何尽快提高孩子们的成绩。这个班虽然是我校文科班中最好的，但是比之于兄弟学校，我们的孩子还有相当大的差距。如何缩短这种差距，让每个孩子都能在高中的最后阶段收获一个满意的结果，这是摆在我这个班主任面前最艰巨的任务。

我反复思索，觉得孩子们最大的问题是学习动机的问题。他们的智商不比别人差，关键是学习目标不明确，行为习惯不良，学习需要也不强烈，导致整体学习效率低下。要想解决这一问题，单纯地逼迫和施加压力显然是不恰当的，甚至会让孩子们产生厌学心理，适得其反。

在向同行求教无果的情况下，我不得不转向书本。经过学习研究，我觉得学习动机认知理论也许对改善当下的工作有意义，于是我认真地学习了认知理论的一些知识，并努力运用这些知识来指导自己的工作。

学习认知理论主要有四种：

一是期望—价值理论，即成就动机理论。最初由阿特金森教授提出，认为个体的成就动机强度由成就需要、期望水平和诱因价值三者共同决定。这一理论可以指导我解决部分学优生和学困生的学习动机问题。

因为根据这一理论，学生们追求成就存在两种倾向：一种是力求成功的倾向，一种是避免失败的倾向。而这正是班上学优生和学困生的实际情况。班上有一部分学生虽然成绩暂时很好，但是对自己期望不高，只是想在班上保持住相当的名次就可以了，而且以此沾沾自喜，这种心态让其很难成为笑到最后的人，毕竟高中三年是个漫长的学习过程，岂能如此故步自封？

与此相对应的是成绩靠后的部分学生，按照他们的潜力和学习能力，本可以学得更好，取得更好的成绩，可是在与他们的交流中我发现，他们对自己的要求仅仅是"成绩不拖后腿就行了"，带着这种动机，他们在学习中根本没有尽力，结果可想而知。

于是我分别召开了这两类学生的会议，对前一类学生主要是提出目标，强化学习需要和期待；对后一类学生则是注重方法指导和心态调整，以让他们树立信心，迎头追赶。会议开得很成功，效果明显。同学们的反应很强烈，普遍觉得不再那么迷茫了，开始有了自己的学习计划和目标，而这正是我的初衷。

二是成败归因理论。这一理论适用于我对学生进行全面的心理辅导和成绩分析。该理论的提出者韦纳教授认为，人们倾向于将活动成败的原因归结为六个因素：能力高低、努力程度、任务难易、运气好坏、身心状态、外界环境。用这一理论对学生的学习成绩进行全面分析就更加具有针对性，能够让学生对下一阶段的调整有更清晰明确的目标。因为对于一次考试而言，能力高低、任务难易、运气好坏、外界环境等因素都是相对稳定的，学生之所以有区别，归因于努力程度和身心状态。这样的话，就可以指导学生做好相应的调整。

每次考试结束后，我都试图运用成败归因理论为学生分析成绩，尤其是对部分学生进行单独的考后分析和心理辅导。成败归因理论让我的这一工作不再停留在大而空的说教层面，而是可以一针见血地找到学生的症结所在，谈话也容易走进学生的内心，促进学生的自我改进。我甚至还教学生也按照成败归因理论来自我分析，自我规划。一次，F同学跟我说："老师，以前考试前后总有焦虑症，您教了我归因之后，我一点一点地梳理，分析和规划都清晰多了。"我听了，心里喜滋滋的，这就是孩子们的成长啊。

三是自我效能理论。这一概念是由行为主义心理学家班杜拉提出的，其主要内容是：人的行为受行为结果因素与先天因素的影响，行为结果因素就是强化。强化可以激发和维持行为动机，从而控制和调节人的行为。他把强化分为直接强化、替代性强化和自我强化三种。这一理论可以帮助我们提升学生的自我效能，提高学习效率。因为这一理论告诉我们，当学生确信自己有能力进行某项活动时，他就会产生高度的"自我效能感"。

在教育过程中，我需要不断为学生寻找强化物，让他们在自我效能的驱使下不断取得进步。表扬、奖励等都是我常用的手段，而其中我觉得师生之间的信任是强化学生自我效能的重要方面。老师要在平时的言语中时刻表现出对学生的信任，和学生交往中的言谈举止都要体现对学生的关爱，有时候孩子的心灵是敏感而脆弱的，要时刻谨言慎行，以免对学生造成不自觉的伤害。我承认做到这一点并不是很容易，需要时刻不停地提醒自己。一旦学生对老师的信任感建立起来了，他就会为了维护这种信任感而努力，从而进入良性循环的轨道中。

四是自我价值理论。这是由美国心理学家卡文提出的。这一理论立足于学生的自尊，从实际的角度解释学生的动机问题，认为人天生具有一种维护自尊和自我价值感的需要，当一个人的自尊和自我价值感受到威胁时，他就需要用各种措施来维护以保持自我的价值感和能力感。

而无疑，在高中阶段，学生的成绩成为其尊严感和价值感的主要来源，所以，在对学生进行思想教育的时候，这一理论具有重要的指导意义。

我的经验是，保护学生的尊严感和价值感比成绩更重要。和学生谈论成绩，一定要就事论事，不可上纲上线，更不能以一次考试抹杀学生的所有努力，这是一条重要原则。同时还要着眼于学生接下来的学习，提出建设性的意见和建议。

当我在自觉地学习和运用这些理论的时候，我才明白，其实那些高深的教育理论离我们的教育生活很近很近，"学然后知不足，教然后知困。知不足，然后能自反也；知困，然后能自强也"。

师生之间如何建立高品质的沟通

与学生沟通是每位老师每天都要面对的工作，但是在现实教育生活中，老师们的很多苦口婆心，全被学生当成了"驴肝肺"。很多班主任埋怨学生，说学生不听话，说学生质量差，却从来没有从自己的这一角度来找找原因，我们的谈话是否有质量，我们与学生的沟通是否有效。如果老师总是不厌其烦地重复"昨天的故事"，那么即使学生听得耳朵都起茧子了，但师生之间的谈话根本没有突破学生的"心门"，师生之间没能建立高品质的沟通，学生又怎么会听你的？与学生沟通不仅仅是训话或者随便谈话这么简单，这是一门很值得研究的艺术。

第一，沟通从"心"开始。

这是一句大俗话，却也是句大实话，师生之间要建立高品质的沟通，一定要从"心"开始，老师一定要具备"三心"——爱心、细心、耐心。与学生沟通从爱心开始，本着一颗爱学生、为学生的心，诚心实意地与学生沟通，不要动辄就是训斥和批评，"爱是一切教育艺术的开始"，与学生沟通也是如此。但这也需要把握一个"度"的问题，老师的行为当然是出于对学生的爱，但是很多老师其实是以"爱"的名义来绑架学生，来改造学生，来命令学生，这种沟通方式收效甚微。我们应该提倡一种始终伴随着爱意的沟通，老师要站在学生的立场，为他谋划，为他考虑，关心他，爱护他。学生纵然再桀骜不驯，在老师的爱心滋润下，也是会体会到这种情感的，沟通的效果自然会很好。

在与学生沟通的过程中，要细心。首先，要找对时机。例如学生下自习回家晚了，被父母训斥了一顿，第二天精神不好，这时候找他谈话效果必然不佳，而且可能适得其反，不如换个时间，在学生心情放松的时候找他谈话，效果会好很多。其次，要注意环境。很多老师把谈话的地点选在办公室，一个办公室很多老师都在，如果是批评学生，老师们你一言我一语，学生相当于被所有任课老师批评了一遍，他的心理压力更大，我们教育的目的是为了改变学生，不是为了羞辱学生。所以我一般喜欢在晚自习或者放学后，等办公室人少的时候找学生谈心，单独相处，师生坦诚相待，彼此可以毫不设防地多谈谈。

另外，耐心也很重要。中学生处于性格和心智都不很稳定的成长时期，与学生沟通，不能也不可能一劳永逸，这是每位老师都清楚的。老师就是要长个"婆婆嘴"，不停地提醒，不停地纠正，这是职业决定的，对学生务必要有耐心，无须赘言。

第二，"放下"才能"承担"。

笔者曾经见到这样一个案例：学生上课玩手机，被老师发现了，老师要学生交出来，学生不交。老师问，你交不交？学生顶牛，不交。老师觉得面子上过不去，就和学生去抢，于是课堂马上乱成一锅粥，老师也斯文扫地。其实，这也是老师没有和学生有效沟通的结果。

首先，在与学生沟通的过程中，切记一条原则："放下"才能"承担"。如果遇到以上这样的情况，教师不必太过较真，大可以先放下，下课之后单独找这位学生沟通。笔者有很多次这样的经历，课后找到学生，往往是还没开口，学生就把手机交上来了，给彼此一个台阶下，就可以避免尴尬的结果。

时下的学生多是独生子女，在家父母娇惯和宠爱过多，容易养成太过自我的习性，教师在与学生沟通的过程中务必学会"先放下"，然后调整好情绪和谈话的策略，再找学生谈，效果会很好。

其次，教师还要注意放下成见。学生还在成长时期，老师不要带着成见去与学生沟通，即使是对某个学生很不满，也要带着重新认识学生的心态，换一个角度去与其沟通，该动之以情的就动之以情，该晓之以理的就晓之以理，往往会有意想不到的沟通效果。据有关资料表明，学生最不喜欢的就是老师戴着"有色眼镜"看人，这说明在老师带着成见的时候是很难进入学生的心里的，沟通当然也很难取得效果。

第三，营造沟通氛围。

沟通要取得效果，务必注意沟通氛围的营造。在日常的教育生活中，学生不犯错，就不沟通，学生一旦犯了错，才会"被沟通"，师生的沟通多是在对立的状态下进行的，形成一种"为沟通而沟通""不得已而沟通"的状态，在彼此都敌对的氛围下，很难建立高品质的沟通。所以，教师务必要营造好心理氛围和环境氛围来与学生进行沟通。

一是心理氛围。必须让学生卸下防御，在完全放松的情况下来参与沟通，这样学生更愿意敞开心扉，更愿意接受你的建议。根据笔者的教育实践，教师不妨对某些事情，某些学生采取"冷处理"。尤其对心理较脆弱、脾气太暴躁、自我意识强、自我管理能力弱等几种类型的学生，如果"趁热打铁"地沟通，很难奏效，要多在他运动之后、得到表扬之后或者高兴的时候等用聊家常的方式切入话题，慢慢进行沟通，不要急躁，让学生感受到春风化雨般的温暖，沟通效果自然会好。

二是环境氛围。环境氛围的营造要遵循一个原则：高调表扬，谨慎批评。表扬学生要尽量在班上、办公室等人多的时候进行，这样学生就会感受到来自老师表扬的荣誉感，并产生相应维护荣誉的自我约束力。批评学生的时候，就要多加谨慎，时下的学生心理脆弱，好面子，老师与其沟通时尤其要注意批评的艺术，既不包庇错误，也不纵容恶习，又能起到批评的效果。比如，笔者班上有一个女同学染发、戴耳环，还经常在同学面前自我炫耀。笔者没有在班上公开批评，而是在一次她打扫教室卫生的时候，开玩笑地说，××同学，你这一头的黄毛落再多的灰尘都看不出来，回去赶紧剪啦，太脏了。而且你的耳朵长得那么漂亮，戴个耳环简直就是多余。第二天这个女生就把头发染黑了，耳环也取了。

第四，建立师生互信。

"亲其师，信其道"，教师要在学生中建立威信，说的话才有学生听，才能与学生建立高品质的沟通。

高中生已经有了辨别是非的能力，目前学生缺乏的是安全感。在日常教学中我们发现有些学生不诚实，主要就是老师对学生不信任所产生的后果。教学中老师对学生要求严厉本身没有错，但是有些老师对学生每一次没完成作业或请假的理由都持怀疑的态度，有时候学生可能就是由于某种原因没有完成作业（包括忘记完成作业），老师应该认真地听完学生的讲述，不要动不动就大发肝火或请家长，把学生推向尴尬的境地。如果老师经常对学生表示怀疑，长此下来，学生对老师容易产生抵触情绪和不信任的心理，甚至学生对一个老师的反感情绪可能会带到其他老师身上。学生为了不被老师批评，不被家长当众教训，就开始撒谎。学生对老师的不信任，也就导致自己心理上的一种不安全，每次遇到问题就会想尽办法来掩饰，师生建立高品质的沟通已无可能。

作为老师，我们是教育者，对学生出现的这种问题要用平常心去对待，要让学生对你信任，遇到问题敢和你讲实话，老师要做到以下几点：

一要尊重学生。学生是人，在人格上和自己是平等的，不要动不动就以高高在上的姿态去批评学生。二要信任学生。当学生为某些问题辩解时，请你认真听完学生的陈词，即使学生不对也要耐着性子听完，然后再去处理事情。三要理解学生。学生在学习和生活中会遇到各种各样的事情和问题，老师要试着去理解学生，给学生一些心理上的安慰，让学生有苦能有地方诉说。四要和学生做朋友。学生在课堂上需要老师的引导和帮助，在课外希望老师能够放下姿态以朋友的方式和学生交流，不要总给学生一种威严感，使得学生听到老师叫自己就害怕。五要允许学生犯错。每个人都有犯错的时候，包括学生在内，学生犯错不要紧，关键看老师怎样处理，如果去强堵，甚至抓住学生的小辫子不停地批，学生就不肯和老师交流也不愿意在老师面前献丑了。

总之，老师能够把握好引导学生的度，相信建立和谐互信的师生关系并不困难，在师生互信的基础上，高品质的沟通就真正开始了。

呼吁小班制

教育改革首先是思想与观念的改革，"做真正的教育，陪孩子一同成长"，我想应该成为未来教育的一种实际追求，无论教育的现状有多么艰难，真正有教育追求的人都应当抛弃"工程化思维"（动辄以某某工程来形容学校教育，这是将人的教育等同于物的制作）、"规模化思维"（用一种统一的模式来规范所有的课堂，用统一的标准来限制所有的学生，集中化、大批量复制式地进行教育）、"功利化思维"（教育的质量不等同于升学指标、高考人数、获奖情况，而应当定位为人的健康成长），我们要回归到教育的原点，让教育真正成就生命，不忽视和放弃任何一个生命的存在与成长，让每个在校园里的孩子都能够享受到来自知识、美德等的浸染，从内心里感受到学习是美好的，渴望着每天能够来到学校，与老师、同学分享自己的进步，自己的思考，如饥似渴地汲取来自先贤们的智慧甘泉。

首先，"小班制"是实现这一切的首要条件。有这样的想法源自近来为迎接学业水平考试，年级组为那些成绩"特别差"的学生组织的补习班。这些白天里对上课全然无动于衷的孩子们在小班课堂上却能够有意外的表现，只有20多位同学的小班，老师可以兼顾到每位同学，用问题刺激他们，用眼神鼓励他们，用符合每个人特征的方法引导他们。虽然他们的学习习惯很差，注意力根本不能集中 20 分钟以上，且有强烈的自卑心理和玩世不恭的生活态度，但是在小班课堂上，我们师生相互交流，有问题随时举手，课堂氛围轻松活跃，我丝毫没有白天上课的那种疲惫感，感到这样的教学才能让孩子们有进步。而白天上课，我要面对 61 个学生，维持课堂秩序成为教学的主要任务。孩子们在课堂上说话本来是无可厚非的一件事，证明他们的思维正活跃着，不至于昏昏欲睡，但是这在 61 个人的班级里却是不被允许的，因为这会让老师无法将讲课进行下去。每次上课，我讲得最多的话就是："请同学们安静下来，听我说……"。如果在小班里，这种情况完全可以现场解决，因为我可以清楚地掌握学生们在讨论什么，是什么激发了他们的讨论，如果他们真的有话说，不妨听他们讲讲看。

其次，小班教学让老师有更多的时间和精力来了解每位学生的情况，进行个别指导。通过了解他们的学习状态、个性爱好、特长等，可以根据不同学生的学习水平、学习速度、学习能力采取合适的教学方法。这样教学老师课堂上以及课后对不同层次学生的一对一指导的机会更多，师生之间可以更直接并及时地交流学习上的问题，甚至作业都能一对一讲解，老师能够做到照顾好每一位同学，更有利于学生提高学习效率。学习能力强的同学能与老师交流讨论更深入的知识，提高自我；学习能力稍差的同学在老师仔细耐心的讲解下能更好地打牢基础，为学习更难的知识做好铺垫。而在大班化教学中，由于学生人数过多，老师不可能了解每位学生，所以一般都采用中等难度的教学方法，不能完全顾及学习成绩优秀和成绩不太理想的同学，造成了师资在一定程度上的浪费或不足。学优生掌握了该掌握的知识后不会更深入地学习，因为老师要兼顾很多同学，没精力再去和他们一起探讨，而学困生跟不上老师的思路，老师也不会为极个别的同学而落下教学进度，他们学习信心不断下降，就越来越学不懂了。因此大班化教学的情况下，学生两极分化是不可避免的，这与教育的初衷是背道而驰的。我在多年教学实践中深有体会，有的孩子就是因为某一个环节与班级进度脱节，从而导致"一步落后，步步落后"，从此学习每况愈下。

最后，小班授课也有利于良好的学风和师生情感的形成。小班化教学为师生之间、同学之间的交流提供了更多的机会，有利于师生之间情感融洽，同学之间相处和睦。老师了解每个学生，爱护每个学生，帮助每个学生，使学生对老师有亲切感。大多数同学都有喜欢一位老师就喜欢他所教授的科目的心理，良好的师生情感使每位同学都乐于投入学习活动。而良好的同学情谊能够建立起良好的学风，大家都为同一个目标而奋斗，有利于学生之间合作学习，充分调动学生学习的积极性，激发学生主动学习的欲望，进一步提高学习兴趣。

尤其对于德育工作来说，在老师的正确引导下，同学们会继续保持并发扬自身的优点，积极地改正自己的缺点。因为在小班里，不管是学生的优点还是缺点，老师都有足够的时间和精力去帮助他们扬长避短，促进每一个学生生理和心理全面而富有个性的发展。

教育就是教育，不是规模比拼，不是产品生产，更不是效益纷争，教育理应让每个孩子都找到适合他们发展的道路，为他们一生指明方向，为他们的一生幸福奠定基础。

因为我们在用教育的眼光凝视个体，关注每个生命的发展方面还做得远远不够，所以，"小班制"的探索也许会为教育的发展铺就一条通往成功的康庄之路。

"游戏"人生

这曾经是 20 世纪 80 年代颇为流行的一个词，意在批评一些不务正业、蹉跎人生的人，是消极人生观的一种概括。可是我这里所指的"游戏"则是真实存在的，是以电子网络等虚拟游戏为主体的一系列娱乐活动。

从哲学的层面来讲，我们出生在这个世上，并非就是成为一个人的全部内容，用英国小说家格雷厄姆·格林的话说，"成为人也是一种责任"。于是西班牙哲学家费尔南多·萨瓦特尔认为，我们天生为人，但这却是不够的，我们还必须付出努力真正变成人。我第一次读到这段话的时候感到震惊，这是何等锐利深刻的见解。每个人都必须承认来到这个世界上是带着责任来的，是需要经历实实在在的生存与成长过程的，这个过程也必须是循序渐进的，如同剥洋葱一样需要一层一层才能逐渐逼近本质。我们由懵懂顽童逐渐变成血气方刚的少年，由涉世未深的毛头小子到游刃有余地立足于世间，进而有所作为有所创造，为自己为他人为社会表现出自己的存在价值，这就是生活的过程。孔夫子将其诗意地概括为："吾十有五而志于学，三十而立，四十而不惑，五十而知天命，六十而耳顺，七十而从心所欲，不逾矩。"过一种完整的人生永远是一门艺术。

费尔南多·萨瓦特尔说"人类通过学习才能成为真正的人"。这也就为教育找到合理存在的理由，学习的内容应该永远指向内心的丰富和外在的成熟。说到电子游戏和网络，这些东西的出现让人的身心矛盾变得异常激烈，从而也让教育变得异常复杂。费尔南多·萨瓦特尔是这样认识这个问题的，他认为电子游戏和网络等的出现让教育出现了前所未有的尴尬局面，"以前的老师面对的是学生们的好奇心。他们渴望进入那被封闭的神秘地带一探究竟，也准备好为获得知识付出代价，投入勤奋的努力。可是如今，不费吹灰之力，他们就获得了成千上万五花八门的消息和观点。他们的胃口饱和了，再也激不起欲望来了"。现在所面临的的问题似乎比费尔南多·萨瓦特尔所论述的还要严峻，网络游戏的出现让毫无自制力的青年人进入了一个全新的充满未知与挑战的世界。这个世界比现实的世界更刺激，更能找到自信，于是传统道德赋予青年人的价值认知标准被彻底颠覆了，他们可以不必为了学业担忧，可以任意地冲杀，可以对于残杀暴力等不负任何责任，这里简直是天堂。

2013年4月16日，《华西都市报》刊出一则新闻——《"魔兽"征服优秀大学生 "7哥"网吧一坐四年半》，讲述了吉林大学计算机专业的高才生靳爱兵从上大学开始迷上"魔兽"游戏，自2008年9月以来的四年半时间里，除了吃饭，他坐在一家网吧几乎没挪过窝，大学学业荒废，由于长期缺少锻炼，身体瘦弱，脸色苍白。虽然在媒体的关注下，靳爱兵最终还是踏上了归家之路，但是四年的时光不再，青春和健康不再，这也是"游戏"人生的典型案例。

我相信靳爱兵的故事绝非个例，至少在我所接触的部分学生群体中，"游戏"已经成为他们日常生活的重要组成部分，获得很高的游戏等级成为他们在别人面前炫耀的资本。学校教育在此方面除了"说、防、堵、抓"外，别无他法。这些"游戏"人生的孩子都有玩世不恭、注意力涣散、生活目标模糊、价值观扭曲等共同特点，一旦浸淫"游戏"日久，传统的价值观念和道德说教将对他们再无吸引力，有人将其概括为"网瘾"，但是我觉得事情远远没有"瘾"这么简单，应该从更深层次上寻找原因。

费尔南多·萨瓦特尔在《教育的价值》一书中将其归因为"家庭影响的缺失"，我个人以为不无道理。他提出了一种"现实原则"。他这样说："众所周知，面对他人的欲望，现实原则会带来节制自我欲望的能力；为了实现远期令人振奋的目标，现实原则也会使我们克制或缓和对眼前刺激的追求。""当然，孩子们还缺少人生的关键经验，对于这一计划中包含的理性智慧不一定能理解，所以我们要对他们进行教导。我们要教育孩子成为成年人，而不是让他们继续做孩子，问题是这一显而易见的事实却经常被遗忘。教育是为了让孩子们更好地长大，而不是不长大。因为不论依照哪种模式，不论结果是好是坏，他们都必然会长大。如果家长不用爱的权力去帮助子女成长，并为他们成为成年人做准备，公共机构采取的措施不是用爱，而是用强力。这种方式只会产生难以驾驭的老油条，而不是自由的成年公民。"

"现实原则"对家庭教育提出了很高的要求，尤其是父亲的角色，所以在面对"游戏"人生的群体，尤其是青少年时，父亲必须发挥其根本性的作用，不能将这一责任顺水推舟地交给学校教育，学校教育可以说对此问题无能为力。父亲是教会孩子生活的人，是法律和规则的代表，在家庭中父亲要充分行使其角色赋予的权力，让孩子学会害怕一点什么，这是敬畏心养成的基础，由最初的害怕惩罚，到更懂事时害怕失去父母的爱和尊重，再到最后害怕失去立足社会的能力和自尊。"游戏"上瘾的孩子从另一层面来讲，也是因为缺失家庭关爱。在家庭中孩子没有养成健康美好的生活习惯，父母又忙于工作，孩子找不到倾诉的对象和排遣的方式，只能转向虚拟的网络游戏，而网络游戏的特点又正好迎合了这部分孩子寻求成就感和满足感的心理。

因此，要想让"游戏"人生不再成为青年人荒废生命的常态，首先在家庭教育上必须要做出努力，一旦家庭教育到位，那么这一问题就会在学校教育的辅佐下逐渐找到解决之道，从而让每个家庭因为孩子的存在而更幸福、更荣耀。

毕业了，留什么给母校？

2013 年 6 月 26 日，2013 届高三年级举行了志愿填报指导会，随着志愿填报的结束，这届的高三学生也就正式与母校告别了。可是志愿填报指导会后，偌大的会议室留下的全是学生吃剩的面包、米粉，喝剩的饮料，各种废纸，现场可谓一片狼藉。没有一个学生随手带走自己的垃圾，没有一个学生留下来清理现场，大家吆喝着呼啸而去，留给母校满地垃圾。

我感到痛心，为学校培养出了这样的"人才"！

我感到遗憾，这样的学生上了大学又如何！

毕业了，当学生们最后留给母校的是这样的背影，即使他们考上了再好的一本、二本也都是枉然，在品德的考场上他们已经输了，带着这样的习惯和德行进入社会，我不敢预测他们的人生会有多辉煌。在我看来，一个人事业的高度是与其德行的高度成正比的，如古人所云"德之不修，行之不远"。在道德的试金石上，任何污点都会淋漓尽致地体现出来，反映到你的所作所为之中。良好的习惯才是永恒的美德。

毕业了，我们给母校留下了光荣榜上的名字，留下了出色的成绩，留下了美丽的倩影，留下了温暖的回忆，但是我觉得都不如给母校留下美德的传承。打扫干净自己的宿舍再离开，这里曾经是你温暖的港湾；收拾好自己的教室再离开，这里曾经是你奋斗拼搏了三年的地方；向老师们真诚地道一声感谢再离开，他们辛勤地陪伴了你三年；向学校保洁员阿姨和门卫叔叔道一声感谢再离开，没有他们就没有整洁安全的校园环境；向学校的一草一木说一声感恩再离开，它们见证了你的成长……我相信每一个毕业生的离开，都不会是永远地离开，而是带着母校教给你的知识、能力、思维、品德去实现自己的价值，创造社会价值。为什么叫作"母校"，因为如同母亲的血液一样，你的身上融注着这所学校的精神气脉。你怎么能怀着一种愤恨和逃离的心情离开母校呢？苏霍姆林斯基曾经说过，"学校以自己的学生为荣，从学校毕业的人在创造着学校的面貌。雏鸟的翅膀越坚硬，展开的幅度越宽，向上飞得越高，鸟巢对雏鸟的吸引力就越大。凡是走出校门的每一个人，都应当在学校里留下痕迹，做不到这一点，作为教育发源地的学校也就没有教育性了"。

如此说来，学生的行为是否也折射出学校教育的不足呢？我们太过强调分数，我们太过追求高分，我们评价学生的方式太过单一，我们德育的方式太过僵化，我们忽视了对学生行为习惯和精神修养的整体建设。这让我又想到了国民素质很高的日本，日本社会流传这么一句话，"管好自己，不给社会添麻烦"。汪中求教授在《细节决定成败》一书中讲到日本国民素质的几个细微体现：

日本居民在街上如果一时找不着垃圾桶，就把垃圾带在身上，回家放进自家的垃圾桶。

有一位陪同我们的女士，我们有人告诉她："小姐，你身上有两根头发。""很抱歉。"她一边说一边把头发取下来，用一张餐巾纸包好，放进自己的口袋。

在自助餐厅吃饭，人人用完餐都会自己收拾桌面，桌上洒的几滴汤会用纸巾擦去，杯盘碗筷收到集中存放的地方。

日本人在街边吸烟都会带上一个便携式的烟灰缸，绝不会有人乱弹烟灰、乱扔烟头。

在公共场所遛狗的人士，身上一定带着垃圾袋，狗一拉屎，马上小心翼翼地扫起来装到垃圾袋带走，再用纸巾把地面擦干净。

北京大学哲学系教授何怀宏在其著作《底线伦理》一书中指出，"一个人，作为社会的一个成员，不管在自己的一生中怀抱什么样的个人或者社会理想，追求什么样的价值目标，有一些基本的行为准则和规范是无论如何必须共同遵循的，否则，社会就可能崩溃"。在我自己管理班级的过程中，我每天关注最多的就是学生的细节和习惯，我很在意学生日常行为举止之间体现出来的自我修养，这甚至可以决定他将来的人生成就。可是一个孩子的自我修养也不是仅仅依靠学校教育就能够培养起来的，家庭、社会都应该承担责任。何教授认为，"作为社会的一员，即便我思慕和追求一种道德的崇高和圣洁，我也必须从基本的义务走向崇高，从履行自己的应分走向圣洁……当在某些特殊情形使履行这种基本义务变得困难，不履行别人也大致能谅解的时候，仍然坚持履行这种义务本身就体现了一种崇高，我们甚至可以说这是现代社会最值得崇敬、最应当提倡的一种崇高"。

只有身边的榜样越来越多，只有每个人都能自觉地用美好的德行和优良的习惯来约束和规范自己，我们才有望逐渐走向崇高。我多么希望，我们的社会能够逐渐形成"尚德尚美"的良好风尚，我们身边能够出现越来越多的"道德唯美主义者"。我觉得，只有一个道德有高度、国民有素质的民族，才能有望成为这个世界上最强大的民族。

莫为高考遮望眼

2013 年农历五月十五晚，四川崇州今年第二次参考的女孩杨媛看完高考成绩的短信后，自杀身亡。一周之后，陕西三原县，今年第三次参加高考、分数超过陕西理科一本线的刘强也选择结束生命。刘强给同学的留言中表示："……我真的太累了，再也不想学习了……"不到半个月，国内多起高考复读生自杀身亡的事件让这个群体的心理状况颇受关注，也让作为高中老师的我不得不写点什么。我知道现在写什么都无济于事，毕竟斯人已逝，人们的关注也会随着时间的流逝逐渐冷淡，年轻的生命遽然离去，只留给亲人永恒的疼痛。

综观这些自杀的孩子的共同之处：第一，出身寒门，家境贫困，高考是他们认为改变自身命运的唯一机会；第二，父母皆是农民，平时与孩子沟通较少或者沟通方式单一；第三，复读一年或者多年，心理压力巨大。对于这些孩子，我们不能仅仅用"人生是道多选题而不是单选题"之类的话来简单安慰，因为我们根本不了解他们承受的压力，高考对于他们来说不是一场简单的考试，而是背负着几代人希望的一场博弈，他们没有退路。

首先，对一个贫寒的家庭而言，供孩子上高中是需要付出心理和经济上的沉重代价的，如今教育投资日益增长，这些贫困家庭几乎是在咬着牙关供孩子上学，考不上大学不但让孩子对家庭无法交代，更让家庭陷入巨大的困苦之中，在乡里乡亲面前难以抬头。

这不禁又让我想起了自己的痛苦经历。十年前，我也是复读大军中的一员，住在学校读书，拼命地读书，我很害怕放假回家，因为只要一回家父亲总会和我谈到学习，谈到高考。父亲是个老实巴交的农民，讲不出什么高深的理论，印象最深刻的我们父子交流的场景总是以父亲深深的一声叹息作结："你要是考上了，爹在众人面前就扬眉吐气了。"父亲说这话的时候，眼神里充满神往，那种神情深深地刺痛着我。所以我完全理解这些孩子的处境，他们没有选择的余地，人生之路尽管漫长，但眼前高考这个坎他们必须迈过去，否则"无颜见江东父老"。

其次，生活在农村的这些孩子，信息闭塞，视野狭窄，导致他们思维极度局限，心理相对封闭，加之中国乡土文化中"高中""衣锦还乡""一朝成名天下闻"等封建余绪在人们的思想中根深蒂固，高考成为这些孩子成就自己的"正途"。在我生活的乡村里，如果哪家孩子做生意成功了、创业成功了，村里人顶多说，谁家的孩子混得真是不错。但要是谁家的孩子考上了名牌大学，那么他们的父母以至宗族都会被十里八村传为佳话，享受一种至高无上的崇拜。小时候父母给我讲的最励志的故事就是：我们镇上曾经有一个人在八十年代考上了北大，据说在他考上北大那年，村里有人看见他们家的祖坟上日日冒出青烟……这种传说神乎其神，可是一段时间里却真实地激励过我，"让祖坟冒青烟"成了我儿时努力读书的一个巨大动力。我不敢妄言这些孩子的身上也发生过如我一样的故事，但是，来自乡土文化中的封建思想余毒也许是他们心理压力的重要方面。

同时，封闭的乡土经济又让他们将自己对人生的设计局限在狭小的范围之内，要么外出打工，成为新生代的农民工，要么努力读书，通过高考走出困境。除此之外，在他们看来，没有别的选择。而不愿意重复祖祖辈辈艰难生活的孩子们就只能选择后者，所以他们承受的压力可想而知。现在我在城市里教书，特别羡慕这些城市里的孩子在面对未来人生时有那么多的选择，除了高考，他们可以出国留学、自主创业、职校培训、自主招生、特招……几乎是"条条大道通罗马"。可是对于农村孩子来说，这些他们想都不会想到，即使想到了也没有条件去付诸实施，高考是相对而言最经济实惠的途径。

最后，更重要的是，农村人的"苦"，让这些孩子将高考看作"鲤鱼跳农门"的重要砝码。高考，上大学，可以让他们拥有更有尊严的生活，"不成功，便成仁"也便在情理之中。越是贫困的地方，这一点体现得越明显。

引用一则报道：早上4点半起床，5点早读，7点跑操和吃早餐，7点40分上课，12点吃午餐，13点自习，14点上课至18点30分晚餐后又开始自习，直到晚上9点半。这是甘肃会宁高三学生每日作息时间表，他们每天用于学习的时间长达14个小时，全部都是学生自觉行为，一环套一环，非常紧张。在校园里很少看到有学生玩耍，大部分学生不是步履匆匆便是埋头看书。早餐干饼子，午餐干饼子，晚餐还是干饼子，这是会宁不少学生的食谱。到了周末，给孩子送干饼子的家长围满了学校大门口。路远的学生家长，为了在天黑前步行返回家中，就在装满干饼子的布袋上写上孩子的班级和姓名，堆放在校门口传达室的长椅上。为了给父母减少开支，省下钱来留给弟弟妹妹上学，很多学生每月的生活费用只有15块钱。王治科是会宁一名高三学生，来自八里乡八里村，如此紧张的学习和艰苦的生活他从上初一便开始了，节省再节省，每学期总开支绝对不超过1000元，但对于自己毫无经济来源的家庭来说，已经是全家人一年的总收入了。为了能上高中并考上大学，最终摆脱贫困，生活再艰苦大家都在玩命地学习。

记得有一次我在班会课上给学生讲会宁县学生的学习情景，我的这些城市里"衣来伸手，饭来张口"的学生们嘴巴张得大大的，脸上全是惊叹，颇有"何不食肉糜"的味道，他们根本无法理解这样的生活。会宁是国家级贫困县，可是就是这个贫困县，自恢复高考以来，截至 2009 年，全县已累计向各大中专院校输送 5 万名学生，其中，200 多人获得博士学位，2000 多人获硕士学位，20000 多人获学士学位，被称为"高考状元县"。这里的孩子之所以能够如此坚韧不拔，精神来源只有一个——"苦"，改变苦，不吃苦，逃离苦，是这些孩子重要的精神信念。高考就是他们孤注一掷的资本，如果高考失败，可想而知他们要面对的是什么，这对于一个孩子来说也许太过残酷了一点。

作为一个从农村通过高考走出来的青年人，我常常感念生活，感念高考，感念自己的坚持。有时候我想，如果没有高考，如果我复读再次失败，那么我此刻在哪里呢？又过着怎样的生活呢？我的处境也许不会比现在差，但是必定会比上大学要艰难得多。是的，时世已经改变了很多，时下的社会机遇比十年前多了很多，成功与成才也不再那么遥不可及，高考已然不是唯一的成功之路。可是教育资源的分配不均，地区经济发展的不平衡，社会对人才选用方式的单一，就业环境的不理想等，还是让无数学子不得不选择高考。而这些来自贫寒家庭的孩子注定也要付出比别人更多，但是即使付出再多，我们也不希望包括生命在内。我们为这些年轻生命的逝去表示惋惜，我们更不愿此类悲剧重演。可是在痛惋之余，思考当下吧！我们只有更努力地工作，让我们生活的国度更开放、更公平、更富强，让每个生活在这片土地上的人都能享有平等教育的权利、自由成才的权利和公平就业的权利，而不是将全部青春押在一张考卷上。

莫为高考遮望眼，人生当需放眼量！

劳动是一种成功品质

和一位刚从乡下中学调到省城的同事聊起学生管理问题，同事颇为苦恼地说："为什么城市里的孩子都这么懒惰啊，每天打扫一下教室卫生都要老师叫上半天才动手，以前在乡下这些事情都不需要老师讲，学生们都做得很好的，有时候学生都主动跑来帮老师做办公室卫生。"同事的苦恼也引起我的认同，在我的班级管理中，卫生问题几乎是我每天讲得最多的问题，如垃圾随手丢，在教室吃零食毫无公德意识，等等。尤其突出的是学生的懒惰，集体劳动时偷奸耍滑，能不做就不做，只要有点脏累的劳动，能躲就躲。而且从这些学生的表现来看，他们带着一种对劳动本能的鄙视和排斥心态，而不是将劳动视为一种光荣的自我修炼。显然，这样的意识和行为不是一天两天形成的。

记得以前在农村教书的时候，大扫除只要一安排，学生各司其职，连墙砖都擦得锃亮的。细细想来，不难理解，乡下的孩子生活条件相对艰苦，从小就知道劳动是一种基本的生活需求，劳动不但能直接为他们换来粮食和钱物，更重要的可以帮助他们获得生活的尊严。在乡下，一个孩子要是不善于劳动就会失去基本的生活尊严，遭人鄙视；而在城市里，衣来伸手饭来张口的生活对于这些孩子来说是再自然不过的事情，劳动的概念对于他们来说是陌生的。我在跟学生家长交流中，经常听到的话就是："家里什么都不要他做，他只管给我把书读好就行了！"于是，劳动，尤其是体力劳动对于这些孩子来说几乎成了苦役的代名词，当然唯恐避之不及。

殊不知，劳动对于一个人人格的健全来说是多么重要，勤劳自古就是美德之首。古人"七岁入小学"首先学习的就是"洒扫应对"，因为这是人格养成的基础，古人所谓"一屋不扫，何以扫天下"是也。苏霍姆林斯基也曾说过："培养学生的社会主义劳动观是成就一个全面的人的基本条件。"我在教育生活中也发现，凡是在劳动中积极主动的孩子在学习上也是勤奋而积极的，相应体力懒惰的孩子在精神上也是萎靡与懈怠的，因为一个肯于在劳动中付出汗水的人绝对不会在学业和事业上偷懒。所以培养孩子的劳动意识和劳动能力是养成其成功品质的必要基础，也是他获得人生幸福的要义之一。

培养孩子正确的劳动观和良好的劳动习惯，当然不可能仅靠学校的大扫除和常规劳动等活动就能起到立竿见影的作用，推究起来，孩子懒惰成性的第一责任人还应该是家长。任何习惯的养成都是需要时间的，当我们的父母把爱孩子单纯地理解为照顾好孩子的一切，让孩子无须有任何生活的烦忧顾虑时，这个孩子必然会成为一个懒惰的人，孩子的发展也必然会让家长失望。孩子生活习惯教育的主要阵地在家庭，当我们的父母一再强调孩子的成绩时，当学习成为孩子在家里唯一的活动时，学习就变成了一种负担，成为一种痛苦，厌学也就在情理之中了。

一位作家曾经说过，世界上的爱都是以结合作为终极目的的，比如男女之爱、朋友之爱等，唯独父母之爱是以离开作为目的。是啊，孩子大了，终究会离开父母的庇佑，独自前行。所以，如果我们爱孩子，那就教会他未来生活的一切技能吧，让孩子成为一个身心健康、热爱劳动的人吧，因为劳动是创造一切财富的基本条件，也是一切幸福生活的源泉。

教师要做个清醒的人

——由《毫厘之间——由几个概念引发的思考》的再思考

2014 年 3 月，《人民教育》"思想者"栏目刊出了山东省临沂市二十中校长姜怀顺的文章《毫厘之间——由几个概念引发的思考》，文章从几个概念说起，在对教育的几组常规概念的追问中诠释了对教育职业的清醒认识，思想深刻，读后深受启发，掩卷深思，不禁想再说上几句。

姜校长在文章的开篇说："改革行至今天，许多基本问题需要进一步追问。学会追问，便是学会思想。……就教师的这个职业而言，失却了思想，就意味着职业生命的消亡。"雷霆之声，振聋发聩，令我长思不自禁。姜校长的文章指出：教学知识不等于客观知识。"一个教师仅仅拥有丰厚的学科知识是远远不够的，他必须具备足够的教学知识，譬如学生的性格特点、学生的智力类型和知识的分类意识。"所以当我们在一味强调教师需要成为学科知识代表时，其实还需要注意到对于教师专业性知识的培训，二者只有达到一种高度和谐，才能成就一位卓越的教师。"面对一个个复杂的生命现象，仅仅用一些物理力学的方法，是反动的，也是有违人性的。"

曾经有幸做过几次教师招聘的评委，见识过一些学历高、学科知识丰厚的应聘者，他们在台上滔滔不绝、挥洒自如，但是学生们在台下却听得云里雾里，也许这就是没有理清"教学知识和客观知识"的关系。理清这组概念，让我们更加清晰地认识到教师专业化发展的美好前途，更加坚信教师是一种无可替代的专业化工作，值得每位教师为此而努力钻研。

一是教育不等于教学。这并不是什么新鲜的观点，但是对于任何一个教育者来说，必须深刻和清晰地认识二者的辩证统一关系，并在实践中成为自觉的教育行为。姜校长说："只有站在教育的高度看教学，在教学实践中不断建设更广阔的视野、更深邃的价值内涵和更阔大的教育画面时，学生才能在学科学习中尽领风骚，并内化成个体生命的性格特征，教育的真正意义才有可能实现"。"一个没有思想和灵魂的教师，一个不把学生生命的幸福发展看得高过所有分数的教师，一个只将育人看作教学的附庸，或是仅把教育当成职业标签的教师，不管他的教学技术和手段精湛到何种程度，以此成功和有所建树者，鲜有前例。"

成为一个真正的教育者，而不仅仅是个教师，这是我做教师很久之后才领悟到的。只有一个教育者才能享受到花开芬芳、桃李满园的幸福与快乐，也只有一个教育者才能获得持久的来自人性唤醒的成就感，这是任何其他职业都无法替代的，也是我们教师自信的源泉。

二是智慧不等于经验。刚参加工作的那会儿，我总是渴望自己成为一个有经验的老师，因为经验可以帮助我迅速地获得职业的成就感。可是后来我渐渐发现，成为一个有经验的老师只是时间早晚的事，而成为一个有智慧的老师却是穷其一生也不一定能做到的事，教育是让学生获得智慧，可是我们恐怕无论如何也教不会学生智慧。姜校长说："智慧买不来，也学不到，它与经验有关，但绝不等同于经验。"

有时候我反而感到经验对于智慧的束缚，尤其是教育工作中，按部就班的生活，轻车熟路的教学，大致相似的课堂，很可能就成为我们不思进取的最大障碍，用不变的经验去应对万变的学生，我们于是多了埋怨，多了困惑，多了无助。当我们总是在学生面前提到过往的学生多么好多么棒，埋怨眼前的学生多么无理多么不懂事的时候，也许我们正被堵在经验的老路上了。姜校长说："教师要养成智慧，就必须在生动丰富的教学实践中，学会高屋建瓴、开阔视野、包容悦纳，并学会从'思考—实践—再思考—再实践'中建设自己的大境界、大画面、大世界，唯有此，才能真正成为有智慧的教育者。"说到底，由经验上升到智慧，其实就是吐故纳新，敢于推翻过去，展望未来，不断读书，不断思考，不断挑战。记得徐特立先生告诫他的学生"要做人民的先生，先做人民的学生"，拿来套用一下，也许未来的老师应该是"要成为学生的老师，先做学生的学生"。

三是事业不等于职业。姜校长说"事业和职业的真正区别在心灵"，心戚戚然。将教育经营成为事业在当今这个喧嚣的时代着实不易，姜校长所提的三点告诫至诚至信，我摘录下来勉励自己：

张载说，教育是"为天地立心，为生民立命"。一个把生命作为工作对象的人，信念比什么都重要，沃尔特·李普曼这样说我们中国，"整个民族精神不振，人人觉得自己孤零零的，谁也不信，甚至对自己都不信任了"。这样的人绝对做不好教育。

生活要简单，精神要丰富。但现在正好相反了，生活要复杂，思想太瘦弱，精神世界几乎不堪一击。面对这样的现实，一个老师最好能安静下来，沉静下来。真正的安静，不是避开车马喧嚣，而是在心中修篱种菊，静静品味得天下英才而教育之的快乐。

当下是最重要的，把握当下，才能实现"精进"。对于教师的成长来说，执行力和计划性同等重要。执行力不是工具，而是工作态度。心猿意马、三分钟热度、阳奉阴违，绝不会有今天的幸福和一生的发展。

当我们真正立定做教师的志愿那天起，就应当将教育当成一生的事业来追求，只是在行进的过程中，我们懈怠了，忘却了，疲惫了，麻木了，最终只把它当成一项聊以糊口的职业而已。如果基础教育多几个将教育事业当成自己终生奋斗目标的教师，那么中国教育的明天必将是辉煌的。

教育是理性的事业，是科学的事业，理清一些概念就是拨开误区，识见真理。我们有时候太着急，有时候又太懒惰，很少去沉静下来想想我们早已习以为常的东西是否具有存在的合理性和科学性，于是以讹传讹，一错再错的事情总是不断发生。可是教育容不得犯错，多一分科学的审慎和反思，才能让前行更加顺畅。多厘清一些概念，少谈一些模式，多一点朴素，少一点浮夸，才是教育的正道。

教师的境界

英国教育家威廉·亚瑟说教学有四种境界：第一种境界，平庸的教师只是叙述，就是照本宣科，念教案；第二种境界，较好的教师会讲解；第三种境界，优秀的教师做示范，这就是叶圣陶先生说的课文无非就是个例子，通过这个例子让学生掌握一般的规律，举一反三，触类旁通；第四种境界，伟大的教师会启发，《论语》里面"不愤不启，不悱不发"的意义也就在这里。

不同的教育境界成就不同的教育人生。在结束一天的辛苦工作，拖着疲惫的身体回到家，泡上一杯牛奶坐到桌前开始我一天的思绪梳理时，我经常想到这个问题：我该成为怎样的教师？对于威廉·亚瑟所说的四种境界，我该属于哪一种呢？不甘做平庸的教师，有点不屑做较好的教师，又不能做到优秀的教师，但也终究不是伟大的教师。我该过一种怎样的属于自己的教育生活呢？

语文界的老前辈于漪提出教师有三种工作状态。第一种，最普通的教师，只是把教书当成一项工作，备课、上课、批改作业，按流程完成工作，按月领取工资。这是把教书当成一种职业，本也无可厚非。第二种，热爱自己的工作，善于吸收新鲜的元素，但过多关注自己，上课教书更多"以我为中心"。老师总是想方设法把自己的想法，他自己对这篇课文的理解传授给学生。第三种,不仅热爱教学工作,而且热爱学生,教学设计完全是以学生为本。按于老师的说法,我应该是第二种老师吧。很长一段时间以来,我认为教师在课堂上应该是个表演者,要首先用自己的情感、知识和技能,让学生爱上你的角色,爱上你的课堂。于是我总是想在课堂上表现点什么,结果却感到每堂课都不如意,每次上完课都有一种颓丧感,没有理想中的那种兴奋感和成就感。后来才慢慢意识到,课堂其实从来不是教师一个人的舞台,教师更不应该成为一个表演者,而要成为一个懂得欣赏、懂得倾听的观众、听众,只有师生共同创造,情思飞扬的课堂才是有魅力的课堂。做班主任呢?我总是想着将班级管理成铁板一块、一派祥和、情志融通、积极向上的团体,可是总也无法做到。我的每一天都痛并快乐着,更多的时候则是烦琐忙碌辛劳。每一个个体生命的成长从来都是伴随着反复、纠正、失败、叛逆的,我只能细心地观察,谨慎地准备,智慧地帮助,这是一种最常态的工作,丝毫没有领奖杯般的荣耀感。

我该追求怎样的教师境界呢?所带的这届学生再有三个月就要毕业了,最近因为学校要分一个艺术班出来单独授课,有部分学生我不再教他们了,其中有几个学生来找我,"李老师,您不教我们,我们都没有学习的信心了"。"李老师,您不要离开我们好吗……"

孩子们那么真诚,我真的很是感动,这些孩子平日里调皮闹心,但是表达的感情却是真挚的。面对他们这份单纯的真情,忽然对自己有时因为他们的调皮而麻木并在情绪上产生了懈怠而感到惭愧。教师的收获注定不是属于当下,而应当是大木柱天、桃李成林的时候。只要为学生着想,一心为孩子们的生命成长负责,我们已经在教师成长的境界中迈上了一个台阶。

我应该追求怎样的境界呢?如同一条漫漫长路,我望向前方光明的灯塔,它一直召引着我前行的路,但是我也许穷其一生也不能够到达,因为中间会有懈怠、坎坷、变故,会将我的信念之舟毫不留情地拍打回原地,可是我会

时刻提醒自己坚持，坚持，再坚持。每一位勇士都是孤独的，我虽然渺小而
孱弱，可是有理想才让我感觉到自己的强大。

年前去看望一位退休的省级特级教师，老先生在教育园地里躬耕一生，
现在虽然退休但仍然开班授课，日日忙碌着。他送我一本自己最近写的书，
笑着说："这应该是我最后一本书了。"笑容如同赤子，对教育满腔的热情
溢于言表，令人鼓舞。在时下的社会里，理想主义者是不受欢迎的，但是教
育是一种精神的引领活动，需要理想主义的情怀，只有不忘初心的人才能成
就属于灵魂的事业。记得钱理群先生曾经说过这样的话："教育本身就是一
个理想主义的事业，没有理想主义精神，就不要搞教育；但我们又是在现实
中的种种矛盾、困惑中从事教育的，我们不能没有现实感。因此，在当代中国，
培育教育家和教育家精神，都是很难，很难的；但我们仍要去努力，在绝望
中挣扎。"我想，我应该努力去做这样"在绝望中挣扎"的人。

教育需要沉淀

又到了年终总结的时候，学校发出通知要老师们将一年中发表的各级各类论文上交进行统计，以此代表老师们的科研成果进行奖励。我整理自己一年的收获时，忽然发现自己这一年中除了一些参加研讨会的获奖之外，竟然没有发表一篇文章，这确实让我诧异了。哦，瞧这一年，我都忙些什么啊？怎么"沦落"到一年到头都颗粒无收呢？是自己真的被烦琐的教育现实磨去了热情和创造力，还是自己变得麻木不仁了呢？

静心思之，就慢慢释然了。做教育越久就越感到教育难做，越感到自己肩上的责任之重大，心头的困惑也越多，于是开始慢慢沉静下来，思考真实的教育与自己真正的突破。我从来没有怀疑过自己的写作能力，我不是不会写，这一年里，我花了很大的精力记录自己的教育生活，记录与学生之间的点点滴滴，记录自己对鲜活教育的思考。我喜欢这样的一种书写状态，既是真挚的表达，更是真实的思索，抛却一些浮华和张扬，多了一份从容与淡静，之于那些理性客观的论文，这让我感受到了一种教育的温度，一种让我颇为眷恋的爱的温度。

"做有温度的教育"越来越成为我教育追求的信念，我只想沉下心来，看看一朵花从发芽到破土，从含苞到绽放的每一个生动瞬间，而不仅仅是做一个冷冰冰的生物学家，用理性的思想将生命固化成数据与分析。

这一年是我阅读最广泛和深入的一年。我先后阅读了有关教育教学的书籍达上百册，《苏霍姆林斯基选集（第三卷）》《一盏一盏的灯》《英才是怎样造就的》《启发教师的 88 篇教育反思》《深度教学——构建优质高效课堂的方法》《班主任工作艺术 100 个千字妙招》《千秋一寸心——周汝昌讲唐诗宋词》《问题学生诊疗手册》《教育力》《成为有智慧的教师》《成为有信念的教师》《衡水中学解密》《有效教学十讲》《大师谈教育管理》《让语文教学有趣、简单、高效》《中国学生缺什么》《教育的价值——一位哲学家的教育沉思录》《经典常谈》《新教育》《第 56 号教室的奇迹》《唐宋词演讲录》《人性的弱点》《王蒙文学十讲》《鲁迅作品里的教育》《教育中的心理效应》……

我将《中国教育报》等杂志推荐的百种优秀教育图书统统买了回来，利用一切可以利用的业余时间"放肆"阅读。这些书籍为我打开了另外一扇窗，一扇通向教育专业化和卓越化的天窗，使我看到了在中国的大地上，在基础教育这块贫瘠的土地上，还有那么多勤奋的智慧的卓越的前辈同行们在进行着愉快的耕耘，他们用他们的行动和坚守向我展示了教育的美丽和动人。是这些书、这些人，烛照了我前行的道路，指引了我追求的方向，坚定了我被琐碎磨得有点消退的信心。既然选择了，就去热爱吧，风雨兼程地前行，总有一天，雨过天晴，云开雾散，一切都会变得无比美好。

是啊，教育需要一种从容的心态，暂时摒弃一些浮华与追逐，看淡一点功名与利禄，用心呵护那些稚弱的生命，我相信在学生的记忆中，一定会留下一个身影，一点温情。教育需要沉淀，漂浮的东西总是难以生根发芽的，只有扎根于厚实的土壤，心怀对大地的敬畏，尽情地吸收阳光雨露，才能收获郁郁参天之貌。

语文课堂上人文情怀的回归

学校的教学开放周，一周都在忙碌的听课和评课中度过。今天听了 D 老师的一堂初三语文课，授课内容是《孔乙己》，应该说 D 老师的课上得行云流水，滴水不漏，学生互动、教师点评等环节均完美无缺。可是听完之后我却想深情地呼吁一句：让我们的语文课多点人文情怀吧！

语文课首先应该是人文课，没有人文情怀和审美趣味的语文课是没有生命的语文课，是没有效果的语文课。语文课应该要让学生在古圣先贤的精神熏染中促进精神与心灵的成长，培养学生一颗悲天悯人的温暖心灵。就教授《孔乙己》一文的这堂课来说，D 老师根据教学参考书的传统解读，先让学生分别从神态、动作、语言三个方面找出文中描写孔乙己的段落；然后总结，小说是通过外貌（整体、肖像、服饰）描写揭示孔乙己的特殊身份和懒惰而又死要面子的性格特点，通过语言描写揭示他自命清高、迂腐不堪、自欺欺人的性格特点，通过动作、神态描写揭示他追求功名的思想；最后归纳出，孔乙己是一个功名不就却自命清高，四体不勤却好吃懒做，贫困潦倒却死爱面子，受尽摧残却麻木不仁的被科举制度愚弄欺骗了一辈子的下层知识分子形象。于是，整堂课上充满的是师生对孔乙己"哀其不幸，怒其不争"的批判和不屑，我的眼前好像又出现了那个可怜兮兮的孔乙己，而这次讥笑他的不再是咸亨酒店的"短衣帮",而是当下课堂上的青年们。

我想,为什么面对孔乙己这样一个"弱势群体"的生命个体,师生都没有表示出一丝怜悯,反而横加指责?这样没有丝毫人文情怀的课堂如何培养学生仁爱的灵魂,如何让学生懂得善待身边的如同"孔乙己"般的弱势人群?如何培养起学生一颗温暖的心灵?如果我们的课堂总是以这样一种冷冰冰的思维面对文本,将如此刻板的结论去简单地引导学生,那么,我们的学生将来难免不会成为药家鑫第二、成为刘海洋第二、成为小月月事件的推波助澜者。因为他们觉得讥笑弱小、冷漠旁观是理所当然的。

鲁迅先生作为伟大的思想家,一生用一颗充满大爱的心灵和无比深邃的思想关照历史和国人,难道仅仅是为我们塑造一个个永远让大家讥笑的人物吗?其实,依我看来,《孔乙己》一文正如鲁迅先生刻画的无数"小人物"一样,先生把笔锋和矛头对准的绝不是"小人物"本身,而是整体的愚弄、蹂躏、践踏小人物的群体社会。鲁迅先生的深刻就在于他能深入地洞见群体的劣根性,并且将其撕裂开来,展示给历史和我们看,而今天我们依然如此冷漠地对待"孔乙己"这个人物,也正说明了鲁迅先生对国民"看客"心理的揭示是多么深刻。所以,孔乙己、祥林嫂、阿Q、闰土等人物,都是鲁迅先生剖析社会的一面镜子,我们理应让学生怀着一份对社会和历史的清醒认知来走进这些人物,怀着一颗温暖的心灵去慰藉这些人物,从而感受他们的痛苦,并树立起历史责任感和社会担当感。

所以,如果让我来教《孔乙己》这篇课文,我会这样设计。课题:孔乙己可怜?可恨?首先,让学生根据文本分组分别找出相关的细节和证据。(认知能力培养的第一方面,即培养学生搜集和处理信息的能力。)

其次,让学生对此问题展开辩论,分别陈述自己的理由。(认知能力培养的第二方面,即在合作与交流中,发现问题与提出问题。学生在此环节,一定会发生情感的投入与价值观的碰撞。师生可以深入交流,教师相机指导。)

在此基础上，教师进行厘清和引导，引导学生将关注点集中到文本揭示的深层意义，即国民群体的冷漠、自私和残酷。

再次，联系现实让学生们谈谈如何面对现实生活中的"孔乙己"，从而树立起正确的人生观和价值观。（由认知能力上升到情感价值观的培养。）让整个语文课堂都在浓浓的人文情怀中自然流动，让学生在文学的熏染中实现心灵的成长，并且成长为一个真、善、美的人。

俗话说，当局者迷，旁观者清。反观自我，真不知道自己的课堂又有多少"误人子弟"的地方还没有被自己发现，但是以此为戒，以后的教学生活当慎之又慎。

语文课应该成为学生思想的盛宴

带这届高三似乎特别苦，也让我更加深切体会到语文教育的尴尬，从而开始更全面地反观自己这些年来的教学。说真的，我的心中充满愧怍，我没有将语文课变成学生精神的乐途、思想的盛宴，没有将语文蕴含的点燃蒙昧之火种植进学生的心田。个中缘由，主要是自己修为不够，理念沉滞，缺乏厚重的阅读底蕴，对文本的理解浮于表面而缺少挖掘，对教学有想法而怯于大胆践行，对教育理念有认识而无坚守，不敢忤逆"权威"，不敢越雷池半步，在纷纷扰扰的"教改""模式"中徒然浪费精力，却离语文的本质越来越远。

近来读杭州外国语学校教师倪江所著《理想语文——自由阅读与教学》一书，书中所倡"自由阅读、自由教学、自由鉴赏"之语文境界令我心向往之。又适逢在网易公开课中听到北京理工大学姜楠老师的通识选修课《语文高级素养》，如同重回大学，面聆师长謦欬，受益匪浅。越发深感自己以前语文教学或多或少存在着误区，自己当下的语文理解自觉不自觉产生着错误，自己迫切需要回归朴素的语文教育原点，在坚定自守、积极创新中走出一条本该属于语文的，也一定适合自己的教学正途。

通过夯实语文基本知识(字词句段篇章)、培养语文基本技能(听说读写)、形成语文基本思维，最终成就独特的语文视野和情怀应该是语文教育永恒的旨归。以前的教学中，为课堂的"高效"而忽略基本知识的落实，为适应课程的进度而削弱基本技能的培养，为教学而教学，怯于打破常规而让学生围于课本缺乏广泛深入的阅读。看看面临高三毕业的这届学生们，他们中有的字写得奇丑不堪，有的文章写得词不达意，有的阅读见识狭窄孤陋，作为他们的语文老师，我的愧怍之心与日俱增。不能给孩子们心灵中植入语文的坚实根基和温情血脉，不能让孩子们因学习语文而从此打开了一扇生命成长的天窗，窥见星汉灿烂、百兽奔腾、万物勃发，不能让阅读成为孩子们终生的习惯，不能让热爱书本成为孩子们永恒的信念，我要负主要责任，我失职，我惭愧，我忏悔。

回归语文的原点，认识到其作为母语的工具性特征、对民族文化传承所起的基础性作用和个体精神成长的造血功能，让语文课变得纯洁起来，少一点功利的附加和浮华的表演，正如熊芳芳所言："教育，是一个让自己破碎的过程，是一个将自己擘开摆上祭坛的过程。你（教师）不将自己的生命敞开，学生更会将心门紧闭。而你若肯拿出你那仅有的五饼二鱼，你会奇迹般地令五千人吃饱。"

回归最基础的横平竖直，语文课不能让字与词的教学缺席。

2014年4月，中国书法家协会会员、中国教育学会书法教育专业委员会原理事长郭振有在《中国教育报》撰文指出，现在中小学生乃至大学生和所有社会成员，汉字书写能力和水平在下降。汉字书写出现了危机，令人忧虑。主要表现在：一是对汉字书写的正确与好坏缺乏必要的认识；二是缺乏基本的书法训练，丢失了汉字之美；三是不注意坐姿和握笔姿势，不仅影响写字水平和学习质量，更对身心健康不利；四是电脑迅速普及，汉字手书被键盘替代，"提笔忘字"现象日益严重。语文课对此难辞其咎，在推行课程改革过程中，我们一度沉迷于对学生思维的训练和课堂模式的创新，渐渐丢弃语文教学的核心元素，语文课上再也不见教学生认认真真写字的情形。犹记我们读书那会儿，在课前都会有描红课，我们一笔一画地描字帖，老师会将描得好的字画上红圈贴在教室的后面，以待观瞻，每日更换。明窗净儿，染翰挥毫，那横平竖直的训练，让我们对文字的敬畏油然而生。

可是时下的语文课堂，尤其是中学语文课堂，写字的训练全然没有，学生的横勾竖叉，不堪入目。教师也赖于多媒体课件，让课堂被分析和图片架空，离文字越来越远，离生动的书写越来越远。我教学几年，深感诸恶习流弊正泛滥成灾，自己也深陷其中，故再次躬身反省，以图改进。郭文中总结：书法（可以等同于"写字"）是中国艺术审美代表，是"素质教育应有内容"，是"思维训练重要途径"，是"更接近教育的本质"的训练。深以为然。以后的语文课当重视学生的写字，用一种最本质的方式让学生接近语文，触摸语文，理解语文。

回归最朴素的琅琅书声，让自由阅读、海量阅读成为语文课永恒的源头活水。拥有良好阅读习惯的学生一定是优秀的语文学习者，这是我多年教学的切身体验。而语文课也应当突破教材的局限，将生活和阅读当成语文课的外延，让丰富多彩的语文课在阅读中得以焕发生机，真正实现"用教材教，而不是教教材"。亦步亦趋，一板一眼，一篇课文接着一篇课文的教法，只能将语文课逼向狭仄的死胡同，将学生的学习兴趣一点点扼杀，将学生的创造力和想象力无情地湮灭，终致语文课除了应试以外别无用处，可悲可叹。倪江说："语文可能不一定是教会学生热爱阅读的唯一学科，但却肯定是最重要的一门学科。没有经过真实的、真正的语文的熏陶的学生，必然是面目可憎的一群。"

从此以后，自己需要大胆一点，要有一点担当和无畏的勇气，在阅读教学中走出一条幸福学生也使自己幸福的路，陪着学生好好读书，读好书，读好多书，不再拘泥于一城一地的得失，要着力于学生终生发展，只有符合学生需要的，才是符合教育的。再次摘引一段倪江老师的话，勉励自己勇敢前行：

真的语文教师很可能是一群书痴，他们把读书当成了终身的功课，而且这还是一群认死理的语文教师：他们不会屈从，不会和稀泥，不会媚俗，不会顺从尊长意志，他们只认语文的死理——语文是让人幸福起来的一门学科，是让生命敞亮起来的一门学科。他们和学生一起分享读书的体验，一起品悟汉诗、汉文之美。从本质上领悟汉语之美、文学之美的语文教师，不会把语言当成压榨分数的工具，不会让语言成为一种折磨神经的手段，他总是积极地设计各种触摸语言和生命的教学样式，他在课堂里坚守经典阅读、经典文化的价值，他也绝不回避景观社会中各种视像化、娱乐化、拜金化的所谓亚文化、次生文化。

回归真实的语文情境，重视对学生语文思维的训练，让语文课成为学生思想的盛宴，自由灵魂的跑马场。要不是带这届高三，我还没有意识到学生的正确语文思维竟如此欠缺，更没有意识到自己语文修养如此不足。我们的确要感谢高考，感谢考试制度的存在可以让我们得以系统梳理三年的教与学，全面检测语文思维和语文能力（尽管这种检测不见得完全是客观公正而科学的）。语言是思维的工具，语文课理应成为学生思维和思想训练的重要途径。

以我教学的直观体会，语文思维首先应当表现在形象思维、直觉思维和抽象思维。没有形象思维，就不会懂得感知生活，感知文字所营造的美，就不能拥有一颗敏感善思的心。语文课堂应该让学生的形象思维飞扬起来，在文字的千山万水之间自由游走，所过之处鸿飞兽骇、奔雷坠石、云遮雾绕……

曹文轩说："未经凝视的世界是毫无意义的。"直觉思维是一种可贵的语文素养，生活处处皆是语文，街头巷尾、牌匾题额、俗话俚语、网络电影……都可成为语文课堂，都可成为语文素材。直觉思维可以帮助学生形成敏锐的语文眼光，自觉抵制不良的语文现象，这也是语文建设的题中之义。

抽象思维是一种创造性思维，是培养科学精神的基础。真正的语文课是需要具有理性精神的，知其然亦知其所以然，能够在烦冗的文字背后抽丝剥茧，读出清晰的思路，明辨文字的迷雾，深入语词的密林而不至于迷路，这才能最终走上语文的通衢大道。

　　只有如此的语文才是理想的语文，也是可以让师生幸福的语文。应试教育并不是完全十恶不赦，我们需要做的是冲破应试教育的坚冰，戴着镣铐自由歌舞，并且将镣铐当成道具，演绎最美最精彩的舞蹈。语文教育的改革越来越趋向理性和科学，前途一片光明。作为语文老师，我们需要有对常识的清醒认知，拨开迷雾，回归原点，不盲目，不循规，不懈怠，在自己的一亩三分地里全心全意地耕耘，大胆试验，积极摸索，总会换来可喜的收成。

书院情怀

一直以来，我都有一种萦绕在心间的书院情怀，经常会怀想古圣先贤宽袍大袖地端坐在青山绿水间，三五弟子围坐，一起谈经论道，探讨道德，追问真理，精神在自由宽博中向精进高尚处漫溯，何等优雅的教育，何等美好的情景。虽然所在单位就在岳麓山脚，千年书院之一的岳麓书院就在单位旁边，有时候爬山经过书院的围墙，透过围起来的铁丝网，能看到里面青砖绿瓦，廊腰缦回，氤氲着一种令人崇敬的古朴气息。可是我从来没有勇气走进去，如同面对一个自己暗恋了很久的人儿，走进去总是需要一种情境、一种铺垫的，我不敢冒失，不敢草率，生怕惊扰了那千年文化的精灵，也生怕现代人的斧凿破坏我心灵深处的梦。

今日读《中国教育报》，有幸读到北京大学哲学系教授楼宇烈先生的文章《从书院传统中寻求教育的智慧》，颇受启发，也更加触发了我心中那久远的书院情怀，深深感喟传统教育智慧的伟大和深刻，更为书院教育优良传统在现代教育发展中被扭曲，甚至被抛弃深深叹惋。

楼教授在文中首先提到中国书院教育的根本精神就是"教之以'为人之道，为学之方'，这是教育的根本理念和宗旨"。楼教授批判了"现代教育将知识教育和道德教育分头进行"的错误观点，作为一名基础教育工作者，我有切身体会。将知识教育和道德教育割裂，造成了"非人"的教育，工具性的知识教育、功利化的教育追求让教育离本质越来越远，让学生越来越难以教化，老师也沦为了保姆和管理者，而不是引领者和教化者。"中国古代书院的理念和宗旨是围绕怎么做一个人、怎么成一个人来展开的"，我们只有回到这样的根本点上，才能真正培养出卓越的大写的人来。

　　楼教授论述的书院精神的第二点就是师生关系——"师生如父子，书院如家庭"。师生关系成了现代教育中一个重要的命题，在时下的教育现实中也变得越来越严峻。我对书院精神的怀想，很大程度上来源于书院中的师生关系。所有学生和老师同学习、同探讨、同游乐的生活场景里，大家就像是一家人，学生不是仅仅通过课堂上回答老师的提问来完成学习，而是在与老师的交往中感受来自老师的人格魅力和学养精神，从而燃起对知识和真理永恒追求的热情，即使师生相对无言，也是一种浸染，也是一种熏陶。现代大班教学制度让这种师生同乐的场景不再重现，教育成为一种豢养，一种宣教，一种传授，少了教师在教室之外的精神参与，这不能不说是现代教育的一大缺陷。我参加教育工作以来，从来都是面对特大班，最多的时候一个班有80个学生，每天上课时，我只能看到下面黑压压的人头，根本无法展开讨论，更无法顾及全部同学，于是宣教就难以避免。一次为文学社上作文辅导课，只有十几个学生，我就提议到校园的草坪中进行，大家围坐在一起，互相讨论，自由发表意见和看法。那天我感到学生们的思维特别活跃，大家说得很多，思考很深入，收获很大，我的感觉也异常美妙。我想真正的教育当如是吧！

　　关于书院教育的理念，楼教授分析了三点。第一，有教无类，因材施教。"现在批量生产，标准化，规范化，扼杀了很多学生的资质和才能。"虽然我们不能一概而论现代教育制度就限制和扼杀了学生的天才发展，但是书院制度体现的充分发挥每个学子的特长，根据学生的不同个性予以相对应的教育，这是伟大的智慧，比我们规模化的标准教学要高明得多，在孔夫子、朱熹老先生等的身上均体现了"因材施教"的教育理念。第二，启发式教育。这是书院教育理念中很根本的一点。时下全国各地都在不断地推进和深化课程改革，核心是提倡"生本教育"，将课堂还给学生，这其实都是对书院精神或多或少的一种回归。但是楼教授注意到了启发式教育在具体操作中很重要的一点，那就是启发式教育的根本是调动学生的学习主动性，失去这个前提，启发式教育将无从开展。楼教授举了马一浮先生的例子，马一浮先生是中国现代著名思想家，与梁漱溟、熊十力合称为"现代三圣"，现代新儒家的早期代表人物之一。当年浙江大学请马先生去当教授，他断然拒绝，理由是"礼闻来学，未闻往教"——你没有来学的精神，我去教你干什么呢？主动性是启发式教育的前提，只有自觉，学生才能在老师的带领和点拨下举一反三，融会贯通。我们在推行课改的过程中，有时候没有注意到这一个根本问题，一味"启发"，有的学校成功了，有的学校失败了，甚至有的学校实践下来发现比灌输还不如，这是因为没有考虑到学生的学习能力、主动性和自觉性等实际情况。就我个人的体会而言，对于那些学习习惯较差，学习主动性不强，毫无自觉学习能力的人，启发式教育几乎很难奏效。第三，书院精神的另外一个原则，"自学为主，相互切磋，教学相长，自由讲学"。我经常想，面对时下激烈竞争的教育环境，如果哪所学校本着这样的教学理念，培养起学生自学、互助的习惯，形成自由讲学的氛围，这所学校就一定能够成为教育改革的标杆，成为一所生生不息的学校。当然，回归这样的优良传统，一定是艰难的。因为在浮躁和多元化的社会环境中，学生已然不再是锁在象牙塔中的封闭群体，网络、手机等所传播的负面新闻都会对学生的思想产生影响，让尚处在思想成长期的学生不知所从，很难保持一种勤勉持恒的学习态度和人生状态，这就必然会影响"相互切磋"的质量。但是在尽可能的条件下，学校应当打造这样的文化。我觉得这是书院精神给予我们的又一重要启示。

弘扬 生命

真正的教育者必须有一种对教育永恒的热爱和持久的信念，并且经得起长年累月的烦琐磨砺。教师就是要用自己的生命去点燃学生的生命，让师生的生命之火熊熊燃烧，照亮精神的暗暗长空。

孩子们，去读书吧！

4月23日是世界读书日，我应校领导的要求，在周一的升旗仪式上作了讲话。

亲爱的同学们：

大家早上好！

今天（4月23日）是第十七个世界读书日，此刻我们湖大附中的学子迎着清爽的晨风，站在庄严的国旗下，作为新时代的读书人，来讨论关于"读书"的话题是最合适不过了。

说起读书，历代仁人先贤们的论述可以说是汗牛充栋。欧阳修曾说："立身以立学为先，立学以读书为本。"颜真卿曾说："黑发不知勤学早，白首方悔读书迟。"苏轼曾说："发奋识遍天下字，立志读尽人间书。"陆游曾说："书到用时方恨少，事非经过不知难。"《礼记》中也说："玉不琢，不成器；人不学，不知义。"孩子们，我经常喜欢称呼我的学生为孩子们，这并不是摆自己的老资格，是我认为"孩子"是一个美好的称呼，新鲜、纯粹，如同含苞待放的花朵，大家每个人都有一颗晶莹透彻的赤子之心，正是读书的大好年华，正是用知识来洗涤灵魂的最好时刻，正是用读书来提升自我的正当时候。孩子们，我们生存在一个知识爆炸，科技腾飞，经济快速发展，信息成倍累积的时代，这是一个不读书就会被无情淘汰的时代，这是一个没有知识、没有思想就会被未来社会排斥到边缘的时代。所以，读书往小方面说，是我们每个人寻求自我生存、自我解放、自我提升的唯一途径。但是，另一方面，我们也生活在一个物欲横流，精神迷茫，"读书无用论"甚嚣尘上，人心浮躁的社会。受这种社会风气的影响，我经常看到我们的学生每天背着书包来到学校，却整天无所事事，一点书都不读，甚至沉迷于电子网络的虚拟世界中聊以度日。每每看到这样的孩子，我都会很心痛，心痛于如花的年纪里，知识之花、智慧之花过早地凋零，心痛于年轻人不能在物欲横流的时代里力挽狂澜，奋发有为，却碌碌无为，如同行尸走肉。来自联合国教科文组织 2011 年的调查显示：欧美发达国家人均每月读书 12 本，而中国人是 3 本。因此，时任国务院总理的温家宝曾经语重心长地告诫年轻人："不读书的人是没有前途的，一个不读书的民族也是没有前途的。"

孩子们，大家都是学生，是职业的读书人，我们身在湖大附中，背靠巍巍岳麓，面临浩浩湘江，这里钟灵毓秀，人才辈出，是个读书学习、锤炼思想的圣地。遥想当年，理学大师朱熹在这里讲学布道，用知识影响了一个时代，他的名字也因为读书而走进了皇皇史册之中；还有毛泽东，从韶山冲的穷乡僻壤中走来，就在我们身后的岳麓山博览群书，放眼天下，指点江山，激扬文字，最终成为新中国的缔造者之一。许许多多的人，曾经站立在我们现在站立的地方，用读书传承了知识分子的精神气脉，用读书涤荡了历史风云的浩瀚长空，有许多杰出的读书人就是从你们站立的地方走了出去，走出了中国，走向了世界，走向了更广阔的人生舞台……

孩子们，读书是一件多么美好的事情！当我们抛开功利，抛开欲望，怀着一颗虔诚之心去面对书本，去叩问书本的时候，也许智慧之门就因此而打开，我们就会从此走上一条精神愉悦，充满欢喜，学乐融融的道路，我们因此就能让自己顿悟智慧，开化思想，成就美好的人生。哲学家德伯里说："书籍是培育我们的良师，无须鞭笞和棍打，不用言语和训斥，不收学费，也不拘形式。"

　　最后诚挚地呼吁一句：孩子们，趁着美好的年华，去读书吧！

阅读是终生的习惯

一晃这届学生已经进入了高二下期，整天和他们生活在一起，我能感受到这些孩子由原来的懵懂、顽劣开始慢慢变得成熟、理智，有了读书的正确内驱力，尽管并不是所有的孩子都有这样的可喜变化，但是总算看到了他们些许的成长，这对于我来说也算是值得欣慰了。可是，令我非常懊恼和遗憾的是，三年时间，作为他们的语文老师兼班主任，我没能培养起孩子们亲近书本、热爱阅读的习惯。

这是我在上复习课的时候才发现的。记忆中，我们每天的教学生活就是赶进度，十几本书的教学任务像大山般地压在我们每一位老师的身上，学校的教学进度安排更像皮鞭一样抽打着我们师生。每天，只要我坐到办公室的椅子上，小山般的作业，琐碎的各种事务便将我裹挟。我的包里每天都背着几本教育理论的书籍，但常常是一个学期过去了一半，书还没有翻到一半。学生呢，更是被功课压得气都喘不过来，虽然为他们开了书单，但是我知道他们不会去读，更没有时间去读，偶尔有自觉好学的学生会抽时间去读，但也都停留在务实的作文书之类。

如果有人问学生，你们来学校干什么？学生们一定会回答，来读书。可是学生们几乎都是机械般地在教科书间翻来覆去地读，阅读的面十分狭窄，视野无比狭隘。他们感受不到阅读原野的广袤阔大，感受不到精神食粮的丰润滋养，他们体会不到阅读的快乐，更无法感受灵魂因阅读而成长的喜悦和快慰。于是，很多孩子往往是在手机、网络等电子工具传递的快餐式的浅阅读中耗费着时光。高中阶段是为一生打底色的阶段，本该让孩子们阅读一些为精神打下丰厚底色的书，为他们未来的人生奠定坚实的基础，可是我很遗憾没有帮孩子们做到这一点。作为他们的语文老师，每当看到孩子们作文和言语中表现出的苍白和孤陋，我就十分难过。

回想自己的阅读经历，如果没有初中阶段偷偷在课桌下读完《平凡的世界》，我就不会知道善良和坚韧是人生不可或缺的素养；如果没有在高中阶段阅读霍达的《穆斯林的葬礼》，我就不会知道纯粹的爱情当需用生命来经营；如果没有《飞鸟集》，我就不会懂得"天空没有留下鸟的痕迹，但我已飞过"所传达的哲学之美；如果没有《致大海》，我就不会明白世界上比大海广阔的还有人的胸怀；如果没有《废都》《白鹿原》，我就不会懂得文字与土地的亲密关系。在后来的人生中，我永远感念这些书，它们不但陪伴我度过了枯燥艰难的高中岁月，更为我的人生种下了真善美的种子，以至于后来读大学，成家立业，我都可以毫无愧怍地说我一直追求着做一个在精神上有格局有高度的人，这都源于那些书。

参加教育工作这些年，我一直努力让自己毫无偏好地对待每一个学生，无论他是聪明还是愚拙，漂亮还是丑陋，但是不得不承认，我无法抑制住对于那些有着良好阅读习惯、丰富阅读积累的孩子的偏爱。对于每一届学生，我总会记住那么几个喜爱阅读的孩子，因为我总是相信，有阅读的孩子就有底气，遇事他就很从容，待人他就有自信，接物他就有灵气，这是阅读带给他们的，阅读也必将为他们的人生涂上亮丽的彩色，孩子们的发展也很好地验证了我的看法。

面对这一届的学生，我很惭愧，我没有带领他们走上阅读的精神高地。

虽然班上喜欢阅读的孩子也有一些，我依然毫不吝啬地在各种场合表扬这些孩子，但是，班上大部分学生没有阅读好书、亲近好书的习惯，他们喜欢玩手机，喜欢看动漫，喜欢聊八卦，喜欢无所事事地海侃，尤其是很多孩子已经没有了阅读好书的动机和能力，这让我尤感痛心疾首。记得有一次我在班上讲到"尼采"，下面的学生脱口而出"尼彩手机"；更有一次我问大家知不知道王小波，学生们的回答让我愕然，他们说，我们只知道周立波……

没有阅读的学校，它不是学校；没有阅读的教育，它不是教育。书香校园是学校文化建设最重要的根基。在终身学习成为时代主题的当今，阅读应该是一种习惯，是一种生活方式。没有阅读的教育，就不会培养出有精神饥饿感的孩子；没有精神饥饿感，就不会有持久的学习动力，就不会形成强大的学习能力，而他们的人生也注定如同无源之水、无本之木，定然会苍白乏力，无所支撑，无法走远。

阅读让我成长

　　参加教育工作以来,我一直在苦苦追寻着一种教育的终极境界,在我看来,这种境界必须是以面对人、培养人、成就人为出发点,以求真、求善、求美为旨归,以最终成就一个崭新的、创造的、自信的、完善的人为目标的教育,如同我在自己的书中写的:"语文教育是一种艺术追求,回归真善美才是其终极目标。"在追索的过程中,我要感谢五本书给予我力量:苏霍姆林斯基的《给教师的建议》、朱永新的《新教育》、肖川的《成为有智慧的教师》和《成为有信念的教师》、李镇西的《做最好的语文教师》。这些书为我打开了教育追求的天窗,如同迷途的孩子望见了自家的屋檐,我第一次感到了无比的兴奋和喜悦,原来教育还可以这样做,原来教育竟然这么美,原来在应试教育甚嚣尘上的中国大地上,还有这么多积极努力的前辈和同仁们在追求着教育的"乌托邦"。有了他们的引领,星星之火必将燃成燎原之势,中国未来教育的崭新世界指日可待。

　　苏霍姆林斯基的《给教师的建议》是我最早接触的教育类书籍。刚参加工作的时候读这本书还不能完全领会其中的意义,只是被它所描绘的教育场景深深吸引。教育多美啊!在春天的日子里,老师带着孩子们去郊外踏青,让孩子们记下飞舞的蝴蝶,呼吸青草的气息,感受泥土的温润,抚摸泛青的树皮；在冬天的日子里，教师和学生可以在自己修筑的土屋中朗读诗歌，以至于大家都被感动，沉浸在难以言说的心灵喜悦中。——我渴望过这样的教育生活。

苏霍姆林斯基在书中讲到的几条建议，一直影响着我后来的教育生活。

他说："教育工作的最后结果如何，不是今天或明天就能看到，而是需要经过很长时间才见分晓的。你所做的、所说的和使儿童接受的一切，有时要过五年、十年才能显示出来。"——这让我明白，教育是等待的艺术，需要一份静待花开的优雅心态，做教师不能心浮气躁，更不能急功近利。

他说："教师的创造性的最重要特征之一是他工作的对象——儿童——经常在变化，永远是新的，今天同昨天就不一样。我们的工作是培养人，这就使我们担负着一种无可比拟的特殊责任。"——用永远变化的心态面对孩子，珍视他们的每一个进步，挖掘他们在不经意间表现出的闪光点，帮助他们将这一闪光点发展成为熠熠生辉的人性之光，这就是教师的责任。

他说："在任何情况下都要按照最初的内心冲动所要求的去做——这种冲动总是最崇高的。但同时，教师还应当会用理智来控制自己的内心冲动，不要屈服于自发的情绪。在对你的学生的错误、冒失，一句话，不正确的行为需要作处理的时候，这一点尤为重要。"——在教育生活中，控制情绪需要艰难的挣扎，有时候愤怒和无名之火在瞬间就被学生的顽劣点燃，多数情况下我总是克制，克制，再克制，这是苏霍姆林斯基教给我的。

他说："优秀教师的教育技巧的提高，正是由于他们持之以恒地读书，不断地补充他们的知识的大海。"——我一直谨遵苏霍姆林斯基的这一条教诲，在自己的教育生活中不停止地读书、学习，不间断地反思、写作，我从中收获着成长与进步的喜悦。

....

是苏霍姆林斯基让我深深地懂得：爱，爱学生，是教师成为教师的首要条件。是苏霍姆林斯基为我的教育生涯上了第一堂课，我之所以现在还能激情满怀地站在讲台上，很大程度上要感谢这本书，感谢这位伟大的教育先贤。

朱永新的《新教育》一直摆在我的书架上，这位中国教育领域的"高官"，用平民的情怀、学者的睿智、政治家的远见在中国大地上积极倡导新教育——提倡过一种幸福完整的教育生活。没做班主任以前，我还不能完全领会书中提倡的新教育的魅力，最近重读《新教育》一书，经过了多年班主任生活的历练之后，再来品味新教育倡导的"四大改变""六大行动"和儿童课程等，感慨唏嘘之余，又有了一番新的认识。

一直以来，我总是觉得，我们的教育发展让教师越来越边缘化，教师成了教育生活中的"弱势群体"。但是新教育重视了教师的发展，认为教育的发展应该首先以教师的发展为前提，将改变教师的成长方式定位为"四大行动"之首，提倡通过专业阅读、专业写作、专业发展共同体来完成教师的专业化成长，最终成就教师，完成幸福而完整的教育生活。"四大行动"的第二行动是通过教师成长带动学生成长，让教师和学生共同成长，改变学生的生存状态。第三行动是通过建设书香校园，改变学校的发展模式，让学校呈现出卓越的品质。第四行动是提倡将教育科研从实验室回归田野，关注鲜活的教育生活，关注教室发生的事情，关注教师和学生的生存状态，让教育科研真正成为教师成长、学生进步、教育发展的推动力量。

而让我尤感兴奋的是新教育提倡的"六大行动"：营造书香校园、师生共写随笔、聆听窗外声音（通过开展学校报告会、参加社区活动等形式，充分利用社区教育资源，引导学生热爱生活，关注社会，形成多元价值观）、培养卓越口才、构筑理想课堂、建设数码社区（通过加强学校内外网络资源的整合，建设学习型的网络社区，让师生利用网络来进行学习与交流，在实践中培养师生的信息意识与信息应用能力）。结合自己所在的单位面临的生源质量逐年下降、教育资金短缺、教学质量压力大等生存与发展的诸多困境，如若以新教育理念来引领学校发展，改革学校现状，一定可以在不久的时间里让学校展现新的面貌，改变学校孱弱的发展现状，为学校赢得未来。

新教育的儿童课程更加富有诗意，我颇有相见恨晚之感。我想如果下一届我还是班主任，一定会尝试这种课程：晨诵——用诗歌开启新的一天；午读——用美丽的童书滋润童年；暮省——学会反思的生活。多么有趣的课程，尽管我知道在实施过程中现实并非如理论般美好，但是这种符合教育规律的新课程理念一定会取得效果，而且会为学生的学习生涯留下美好的回忆。

北京师范大学教授肖川是"生命教育"的倡导者，读肖川的随笔，会感到非常痛快，他嬉笑怒骂，文笔犀利，但又深刻睿智，纵横恣肆，寓理性思维于感性的文字之中。我曾经多次在自己的文章中引用肖川随笔中的话，他对教育的认识总是那么切中肯綮，入木三分。受肖川的影响，我在德育工作中也以"生命教育"为抓手，在管理班级、对待学生、日常教学中，总是时刻提醒自己将"生命"摆在首位，以提升学生的生命质量，为学生的幸福人生奠基作为自己为师为教的准则。

肖川也是一个正直真诚的人，我有幸在一次报告会上见过他，他操着一口湖南乡音，眉宇之间一派正气，言谈中颇有几分"侠士风范"。记得他在那次报告会上带着颇为自得的口气说："我的《成为有智慧的教师》和《成为有信念的教师》是当今中国用中文写成的最好的文字。"我接触这两本书之后才知道，肖川的自得是有道理的，是名副其实的。我曾经和同事开玩笑地说："肖川写的比他说的还要好。"之所以这么说，是因为听肖川的报告，我对他的湖南乡音有几分不习惯。但想想一个久居京城、声名赫赫的学者，依然不改乡音，可见此人骨子里的耿介及对自我追求的坚守，对乡土情怀的凝望，这正是我对他尤感敬佩的地方，要知道在当今社会，坚守一种土地情怀和生命理想是多么的不容易。

我回顾自己读过的这些书，再一次梳理自己的学习心得，表达对这些前辈的敬仰。我愿意永远做一个学习者，在这些光辉思想的烛照下，在教育的这片沃土中去努力耕耘，只愿有一天，在秋风吹过，稻麦飘香的季节里，我能在一两颗饱满的谷粒上看到自己闪烁的汗滴。

教育力

日本教育家斋藤孝的《教育力》将教育定位为"教育的基础，是一种梦想的传递"。斋藤孝认为，"教育的基本功能，便是激发我们的学习欲望。为此，教育者本身必须抱有强烈的憧憬，才能将'这东西有多棒'的热情传递给受教育者，使之能够体会"。他将这种力量概括为一个极富有中国特色的词——梦想力。

斋藤孝重申了教育者需要具备的基本能力，并且一一进行了颇有见地的分析。他在书中指出，教育力由以下一些基本能力组成：模仿力、规划力、人际关系力、整合开发教材的能力、重新评估考题的能力、洞察力、关注力、传承力、感知力、影响力等。

素来知道日本教育是一种中西合璧的教育，他们很好地保留了中国私塾教育的优良传统，同时又吸收了西方实用主义教育的思想，形成了具有本国特色的教育体系。日本在战后迅速崛起，成为"亚洲四小龙"之一，教育的贡献是不可忽视的重要因素，教育为日本经济的发展注入了强大的智力支持和人才力量。我颇为赞同"教育力"的提法，教育应当成为也本来就是一种"力"——心力、念力、动力、创造力、持久力等，是社会发展、经济腾飞、科技创新、道德提升的重要推动力量。如今的日本在经济、科技等诸多领域都走在我们的前列，教育力对日本国民性格的锻炼起着重要的作用，这一点值得我们学习。

我们究竟要向日本学习一些什么？这是我在阅读这本书时不断思考的问题。书中讲到，在日本的许多大学里，《论语》是必修课程，教授们认为这部中国书里涵盖了全人类的伟大智慧。而在我们的大学课堂上，除了文学类专业的学生会读读这本书，其他科系恐怕是不会学《论语》了。在我国的教育发展过程中，虽然教育改革的实践从来都没有停息，但是我们对于教育核心力的思考还远远不够，我们似乎越来越背离教育的本质而行，将教育当作一项如同盖楼房的工程来做。很多的新理念、新模式你方唱罢我登场，让人眼花缭乱，又很喜欢"追新"，如果某地某校推出什么新的模式，大家都去参观然后纷纷效仿，一时间的"风生水起"之后又"涛声依旧"了。日本人显然要冷静得多，在继承优良传统方面做得非常出色，日本的大学现如今还保留着私塾时代的一些特征。其实日本的教育属于自己的东西很少，多是学习外来文化，但是日本人可贵的地方就是任何时候他们都知道自己需要什么，并且不会在发展中丧失自己的坚守。

斋藤孝在书中讲到的教育力的诸多表现其实就是对教育本源的回归，可以认为是对教育者教育精神回归的系统梳理，这似乎在告诉我们，教育不需要谈论太多高深莫测的东西，只需要守住那些永恒不变的东西就足够了。但这绝不是反对变革，教育是培养人的事业，有着自身的规律可循，只是太多的走马观花式的变革只能让人心变得浮躁不堪，最后会导致精神的肤浅与苍白。

做一个真诚的讲故事的人

我很久没有这么酣畅淋漓地读一部长篇小说了。读完莫言的《丰乳肥臀》，合上书页，如同关闭了一扇厚重沧桑的古木大门，那种悠长朴拙的声音在我的心里久久回荡。写中国的农村似乎总要用沉重的文字，这是无法回避的苦难的源泉。中国的农民也许是世界上最苦难但也是最坚毅的种群，他们世世代代守着故土，在属于自己的黑土地、黄土地、红土地上交织翻腾，生存繁衍，呼号挣扎，他们构成了古老中国的底色，愚昧与朴质相伴，勤劳与贫穷共存。莫言的高密东北乡，贾平凹的陕西商州城，陈忠实的白鹿原，以至于老一辈作家中如老舍的北京大杂院、沈从文的湘西古城、老舍的巴蜀旧家庭……我喜欢这些有着精神依附之土的文字——这形成我阅读小说的一个癖好，我讨厌那种缥缈虚幻的卖弄文字和故弄玄虚的苍白想象。

《丰乳肥臀》中的上官鲁氏是一位承载苦难的民间女神，是中国无数母亲的化身。她命运多舛，历经苦难，她生养了众多女儿：大女儿上官来弟、二女儿上官招弟、三女儿上官领弟、四女儿上官想弟、五女儿上官盼弟、六女儿上官念弟、七女儿上官求弟、八女儿上官玉女，还有唯一的儿子上官金童。这些人构成一个庞大的家族，与20世纪中国社会的各种政治势力和民间组织以及癫狂岁月下的官方权力话语发生了枝枝蔓蔓、藕断丝连的联系，并不可抗拒地被卷入 20 世纪中国的政治历史舞台。而这些形态各异的力量之间的角逐、争夺和厮杀是在自己的家庭展开的，造成了母亲独自承受和消解苦难的现实：兵匪，战乱，颠沛流离，亲人死亡以及对单传的废人式儿子的担心、焦虑，而她在癫狂年代用胃袋偷磨坊食物的行为更是鸟儿吐哺的深情……母亲是一种意象符号，也涵盖了"作为老百姓的写作"的莫言对民间苦难及其承受者的爱戴、同情和关怀。莫言自谓："你可以不看我所有的作品，但你如果要了解我，应该看我的《丰乳肥臀》。"此言非虚。

评价一个作家是困难的，尤其是如莫言这样在中国为数不多的认认真真写作并且正处于创作高峰期的作家。评价一个作家更不能只从他"史诗般"的作品建构入手，有多少作家搭起了"史诗"的架子却终是支离破碎的零乱想象，只落得一个外强中干的印象。莫言却用他细腻入微的笔触将"史诗"大船打扮得富丽堂皇、色彩斑斓。美国《出版者周刊》评论这部作品时说"引人入胜的细节，毫不畏缩的描写……莫言的这部小说是一次感官的盛宴"，可谓一语中的。莫言在《丰乳肥臀》中将这种技巧运用到了几乎他的其他作品都没有企及的高度，他坦然地真诚地叙述着，如同蹲在村口敞着膀子的乡村说书人，毫不忌讳，毫无顾虑，没有技巧，不谈方式，只是那么随着自己的性子讲着说着，讲到动情的地方就掉上几滴眼泪，讲到激动的地方就抹上一把鼻涕，时而还跳起来吼上几嗓子，让听众不禁跟着他流泪高兴激动跳跃，这就是说书人的本事。莫言将这样的本事运用到了神乎其神、炉火纯青的地步。

一直以来，我都有个作家梦，想成为一个让别人为自己的文字或悲或喜的作家，但是很遗憾自己终是没有做到。成为一个老师之后我又曾想，教师和作家的共同点是什么？我试图寻找二者的相似之处聊且自我安慰，但最终发现，二者真的没有实质上的共同点，如果硬要说有，那么也许老师和作家都应该成为一个真诚的人，有精神底色的人。老师的真诚可以传递给学生爱与信念；作家的真诚可以留给读者精神与力量。一个有精神底色的老师可以站在讲台上成为学生心中永不褪色的风景，引领学生探寻知识与未知的海洋；一个有精神底色的作家，可以源源不断地开创出广阔的文字圣域，为读者树立起真善美的精神灯塔。

教师与作家还有一个共同点就是，他们都要是个"会讲故事的人"。有故事的教师才会讲故事，有故事的教育才会吸引人，有精神牵引的教育才能有永恒的魅力。同样，作家要靠故事支撑自己的写作，"无故事"的小说是不耐读的，也是缺乏群众基础的，有精神依附的作家才能有故事，才能永远紧贴大地不断成就好作品。莫言就是这样的作家，从这个意义上讲，莫言如果从教，也会是一位好教师。

《六韬·大礼》篇对教育管理的启示

《六韬》据说是姜太公所作，分为《文韬》《武韬》《虎韬》《豹韬》《龙韬》《犬韬》6个部分，共61篇，近2万字。该书主要论述君王立政、夺取天下及军旅之事。而其中《文韬》属于首章，内又分《文师》《盈虚》《国务》《大礼》《明传》《六守》《守土》《守国》《上贤》《举贤》《赏罚》《兵道》等12篇，主要论述作战前如何充实国家的实力，在物质上和精神上做好战争准备等。笔者在阅读的过程中，觉得其中的《大礼》篇中的某些思想对教育管理有一定的启示意义，试论述如下。

《大礼》本是指君臣之间的行为准则，这篇主要阐述君臣之间的行为规范。我们剔除其中封建糟粕的成分，用现代教育学的观点来重新诠释经典，从现代教育管理的角度来品味其中的某些观点，可以从师生关系、教师自我修养、教师如何培养倾听能力、教师的管理智慧等几个方面来获得一些启示。

第一，对师生关系的启示：师生之间应该各居其位、坦诚相待。

在现实的教育生活中，师生之间究竟应该保持一种怎样的关系？这是一个颇值得探讨的话题。虽然现代教育学已经明确指出师生之间应该平等，建立一种亦师亦友、教学相长的和谐关系，但是从管理的角度来说，教师作为教育管理者，其角色本身就赋予了教师不同于学生的地位和运用管理权对学生的受教育行为进行督促与管理的权利，这种地位和权利的存在必然会让教师和学生经常处于不对等或者说无法绝对平等的状态。简而言之，教师就是教师，学生就是学生，这是一种客观存在的管理与被管理、教育和受教育的关系，如果师生之间绝对平等，那么教育管理也将无从谈起。

在《大礼》篇中，周文王问姜太公：君主与臣民之间的礼法应该是怎样的？

太公曰："为上唯临，为下唯沉。临而无远，沉而无隐。为上唯周，为下唯定。周则天也，定则地也。或天或地，大礼乃成。"

意思是说：身为君主最重要的是洞察下情，做臣民的最重要的是恭敬敬畏。洞察下情在于不疏远臣民，恭敬敬畏应该不隐瞒私情。做君主的要遍施恩惠，做臣民的应安守职分。遍施恩惠，要像天空那样覆盖万物；安守职分，要像大地那样稳重厚实。君主效法上天，臣民效法大地，这样君臣之间的礼法就圆满构成了。

针对师生关系而言，圆满师生关系的构建同样需要做到以下几点。首先，教师要能理解学生，走进学生的内心，成为学生的知心人，这是一个重要的前提；而学生则要对老师怀有起码的敬畏之心和尊重之情，不能随意亵渎师道尊严。没有这样的师生关系基础，师生的交流就会出现障碍，很难期望出现好的结果。其次，教师不能疏远和冷落任何一个学生，而是要如同太阳的光泽一样，平等均匀地照遍每个学生的内心，"为上唯周"。学生呢？则要谨守一个学生的本分，即刻苦求知，积极进步，不断砥砺，努力成为优秀的自我。这是一种理想化的师生关系，但是却真切地告诉我们，只有师生之间各守自己的本分，师生关系才能圆融和谐，"或天或地，大礼乃成"，从而才有望实现教育效果的最大化。

第二，教师（班主任）作为管理者的自我修养：安稳淡定、柔和有方、虚心静气、公平公正。

文王曰："主位如何？"太公曰："安徐而静，柔节先定，善与而不争，虚心平志，待物以正。"

移之于教育，我们是否可以这样理解：作为一个教师，教育的对象是尚处在成长期的儿童和少年，这就特别需要教师做好自我定位，不断强化自我修养，对待教育对象必须有爱心、耐心、恒心和诚心。霍懋征老师曾说过"没有爱就没有教育"，而教师只是爱学生还远远不够，应当让爱变得更加有智慧，用爱的火炬、智慧的手杖，帮助学生走向美好的未来。"安稳淡定、柔和有方、虚心静气、公平公正"就是让爱更有智慧的修养。

面对成长中的孩子，教师要有一颗安稳淡定的心，给孩子从容成长的时间，不能操之过急，否则揠苗助长，得不偿失。

在处理学生的问题时，教师切记不能武断和蛮横，而要以柔和的心态去积极想办法。霍懋征老师被周总理称为"国宝"，她教学 60 年，从来没跟学生发过火，更没有大声呵斥过学生……遇到一些淘气的学生惹她生气，她就采取冷处理的方式，待自己冷静下来再解决。她说，"教师向学生发火，是不尊重学生的表现，是绝对不应该出现的"，"对学生要严格，但不是严厉"。

当然，"虚心静气"也是教师修养的重要方面。教师要虚心，首先就是要俯下身子和学生沟通。在时下的教育生活中，学生在信息的搜集、新知识的接受和更新等方面都要优于老师，我们做老师的就要虚心向学生学习。"弟子不必不如师，师不必贤于弟子，道之所存，师之所存"，如此而已。其次，教师的虚心还表现在要经常学习充电，要善于"放空自己"，不断更新知识与理念，用先进的教育教学理念来引领自我，如一盏不断充电的明灯，一直烛照学生的内心。

教师需要一种"静气"，在时下的社会中，教师是分外要求精神纯净的一个群体。我们不能浮躁，在物欲膨胀、红尘流淌的世俗中，教师要努力保持一种读书人、教书人的安宁淡定，因为只有我们的心灵静下来了，才能听到春蕾绽放、夜半花开的声音。

公平公正是教师尤其是班主任必须时刻谨守的一条管理原则。我们要为国家培养民主开放的一代新人，而民主思想的基础就是公平公正。要让民主思想从小植根于学生的心灵，作为教师就要从自我做起，将公平公正的理念贯彻到每一个教育细节之中，只有这样才能赢得学生的信任，"亲其师，信其道"。

第三，教师（班主任）要培养倾听的能力：不轻率答应、不断然拒绝、不自以为是。

文王曰："主听如何？"

太公曰："勿妄而许，勿逆而拒。许之则失守，拒之则闭塞。高山仰止，不可极也；深渊度之，不可测也。神明之德，正静其极。"

将《大礼》篇的思想回归到教育生活，如果教师轻率地答应学生的某些需求，那么久而久之就容易失去主见，有时候还会导致失信于人的恶劣后果，所谓"许之则失守"。笔者就犯过类似的错误：在刚当教师的那会儿，一次课堂上信口开河答应带学生去春游，结果因学校担心安全问题，屡次争取失败，最后未能成行，导致在学生中形成很不好的印象。

教师更不能断然否定学生的一些看法和意见，那样就会"拒之则闭塞"，让学生渐渐不愿意和你交流。教师遇到学生提出的问题，即使很荒谬也要学会耐心地听取和解答，尤其是班主任，学生们的很多对班级建设的意见和看法具有很重要的参考价值，不要轻易否定，即使暂时不能实现，也要尽量给学生解释清楚。

自以为是也是教师在教育生活中容易犯的错误之一，总觉得自己是老师，就要以知识权威者的形象出现，以道德训教者的面孔教人，这样很容易挫伤学生参与的积极性。因此，只有教师在教育生活中时刻以身作则，用高尚的德行和丰富的内心来影响学生，将教师的素养体现在日常的教育细节中，才能师生和谐，教学相长，道学永恒。

第四，教师（班主任）的管理智慧：多观察、多倾听、多思考。

文王曰："主明如何？"

太公曰："目贵明，耳贵聪，心贵智，以天下之目视，则无不见也；以天下之耳听，则无不闻也；以天下之心虑，则无不知也。辐辏并进，则明不蔽矣。"

教育管理工作千头万绪，很多细小的地方都不容忽视。那么怎样才能保证成为一名智慧的老师，能够洞察一切，不断走近学生，进而深入学生的内心呢？

"目贵明，耳贵聪，心贵智"即"眼睛贵在明察事物，耳朵贵在敏听意见，头脑贵在思虑周详"。在班级管理中，这还远远不够，教师（班主任）还要善于增强学生的主人翁意识，让每一名学生都成为班级的主人，成为老师的左膀右臂，积极参与到班级管理中来。只有强化了学生的自我管理意识，提高了学生的自我经营能力，班级管理才能真正走上一条成功之路。即如《大礼》中所言："以天下之目视，则无不见也；以天下之耳听，则无不闻也；以天下之心虑，则无不知也。辐辏并进，则明不蔽矣。"

教师（班主任）的"天下"就是班级，教师（班主任）的"天下人"就是学生。教师只有"辐辏并进"，仔细观察学生的行为表现，认真倾听学生的意见表达，积极思考学生的成长发展，并且以此让学生逐渐主动地融入班级这个团队中来，才能"明不蔽矣"，班级文化才能真正建立起来。

中国传统文化是我们汲取智慧的宝库，作为一个教师，也许思考最多的就是教育，因此读何书都不禁联想到教育。《大礼》绝不是论述育人的著作，但是正如鲁迅先生评说《红楼梦》时所言："单是命意，就因读者的眼光而有种种：经学家看见《易》，道学家看见淫，才子看见缠绵，革命家看见排满，流言家看见宫闱秘事。"

我读《大礼》，读出的是育人之道。

创新，从课堂开始

    暑假期间，为了充电，提升自己，我坚持每天观看由教育部推出的"以提升在校大学生和社会大众科学文化素质水平为重点"的中国大学视频公开课，陆续看完了北京大学戴锦华教授主讲的《影片赏析》，北京航空航天大学姚小玲教授主讲的《演讲与口才》，北京师范大学于丹教授主讲的《古诗词鉴赏——千古明月一诗心》，大连大学李索教授主讲的《汉字的传统文化解读》，东北大学张雷教授主讲的《老子的人生智慧解读》等一系列课程。总体的观感就是"名校名师，名不虚传"。我真心感谢教育部的这一举措，让我们普通大众能够通过现代媒介免费地享受到名校的教育资源，亲身感受这些国内外一流教师的精神魅力和精彩课堂。

    可是听了这么多名校的课程，我发现没有一所学校的课堂上出现师生思想的自由辩论（有个别学校的师生互动也都是作秀式的问答和答疑），整个过程几乎都是教师的满堂宣教，大学生们坐在那里静静谛听。老师严肃端庄，学生正襟危坐，我不知道身临其境的学生们累不累，总之我看着觉得挺累的，听这样的课即使老师讲得再精彩也是需要一点耐力的。要知道这可是我们国家一流的学府啊，一流学府的课堂应当让我们看到思想的自由争辩，与权威的激烈交锋，应当让创新思维的激发成为课堂的主旋律啊。这样安静的大学课堂让我觉得总是少了点什么。

不禁又想起"钱学森之问"："今天，党和国家都很重视科技创新问题，但我觉得更重要的是，要具有创新思想的人才。中国还没有一所大学能够按照培养科学技术发明创造人才的模式去办学，没有自己独特的创新东西，我看这是中国当前的一个大问题。"台湾作家龙应台也说："在国外教书的那许多年，我踏出教室时时常有生机盎然的感觉，因为在与学生激烈的思想碰撞中，我也得到了新的成长。在这里（国内），走出教室我常有被掏空的感觉，像被针刺破的气球一般。"我是一个中学教师，我最害怕的一种课堂就是学生太过沉默，木然听讲，我常常为自己不能在课堂上创造积极热烈有价值的思维拓展氛围而深深苦恼。我一直将其归因为自己思想的贫瘠和学问的浅薄，所以一直不敢停止学习与思考，期望通过自己的提升有一天能够为学生带来思想革新、心脑双畅、思维激扬的课堂。可是如今看到大学的课堂依然如此，大学名校的课堂依然如此。想想吧，我们的学生从小学开始这样端坐着听老师讲，到了中学仍这样端坐着听老师讲，到了大学还这样端坐着听老师讲，经过十多年的教育，我们的思想成为一摊任人搅拌的泥浆，终于失去了判断、思考、辩论、勇气、创新等起码的公民素质。

我们为什么培养不出创新人才？因为我们没有为学生提供一个平等讨论、争辩的氛围，畅所欲言的环境，教师没有激发学生的思维热情，没有鼓励学生的特异表达，总之没有建立起自由创新思想的课堂。所以，正如王玉强研究员曾经总结的，"面对当前的教育，面对未来的教育，我们必须学会'解放'与'开放'，即解放课堂，解放学生的思维，把学生的天性、视野、个性、创造和独立见解释放出来"。

大学课堂尤当做好引领！

《学记》的读后感

原文：发虑宪，求善良，足以谀闻，不足以动众；就贤体远，足以动众，未足以化民。

原文：玉不琢，不成器；人不学，不知道。是故古之王者，建国君民，教学为先。《兑命》曰："念终始典于学。"其此之谓乎！

我的读后感：

这是论述教育的重要意义。教育的意义为何？简而言之是两点：第一，化民成俗；第二，建国君民。

第一点是针对广大民众来讲的，教育能够转变民心，改变风俗，让老百姓从愚昧中解脱出来。第二点是针对国家统治者而言，教育可以有利于建立国家，统治人民。二者虽然是建立在封建教育观的基础上，但是对现代教育的启示意义仍然很重大。百年大计，教育为先。任何一个人要想从愚昧走向智慧，是必须通过教育和学习的；任何一个国家，要想国富民强是必须高度重视教育发展的。

时至今日，社会浮躁，教育体制中存在的问题日益凸显，更加助长了功利化、浮躁化的社会习气。长此以往，令人担忧。所以，务必加强和快速推进教育体制改革，建立富有中国特色并且适应未来世界发展的教育体制，培养文理兼通、心智卓越、富有创造精神的人才。

原文：虽有嘉肴，弗食，不知其旨也；虽有至道，弗学，不知其善也。是故学然后知不足，教然后知困。知不足，然后能自反也；知困，然后能自强也。故曰：教学相长也。《兑命》曰："学学半。"其此之谓乎？

我的读后感：

这是重要的教学原则：教学相长。在笔者看来，原本针对师生之间教与学互促共进的教学相长之说，针对教师个人成长也可有一番新解。

笔者以为，这为一个教师的专业化成长指明了一条阳光大道：学习（读书）—反思—教书—提升—学习（读书）。因为学习，教师才能知道自己哪些地方不足，而知道了不足才会自我反思，一个善于反思的教师一定会是一个成长快速的教师，即"一个教师写一辈子教案不一定成为名师，但是写三年教学反思一定会成为名师"之谓也。而读书是一个教师走向自我反思最直接的途径，一个会读书的教师将自己的丰厚积累体现在日常的教学中，通过教书的实践检验，不断地发现问题，思考问题，研究问题，解决问题，从而得到提升。但是这种提升对于站在讲台上的教师来说是永恒的，因为学生不断变化，教材不断变化，教育形势不断变化，教育问题不断呈现，所以教师务必不断地读书学习，才能解决这些困难和应对这些变化，如此，一个教师才走上了一条真正专业化发展的正确之路。

原文：古之教者，家有塾，党有庠，术有序，国有学。比年入学，中年考校。一年视离经辨志，三年视敬业乐群，五年视博习亲师，七年视论学取友，谓之小成；九年知类通达，强立而不反，谓之大成。夫然后足以化民易俗，近者说服，而远者怀之，此大学之道也。记曰："蛾子时术之。"其此之谓乎。

我的读后感：

这是古人的教育体制和学业评价机制，值得时下我们教育人士和教育部门反思。古人评价学生的标准是什么？

首先，入学第一年考核的是基本知识（经文）和基本技能（句读），这是学习的基础，同时还要通过考试为学生的发展做出初步的定向。（辨别志向所趋，而这一步我们时下的教育从小学到大学都未必做得完善。）

其次，三年学习后考核学生的是两个方面：德（乐与人处）和智（学业专注程度），而我们时下的教育却将德育的考核极大地疏忽了，只盯住学生的成绩，从小到大，学生基本就是沉浸在漫无边际的题海和考分中，精神世界过早地荒芜了。

第三，五年考核学生的同样是德和智，但是考核的程度提升了。智的考核要求是：博学笃行，就是在广泛涉猎书本知识的基础上，能将自己的所学与社会实践联系起来，并且勇于实践。这样的考核在学生学习五年之后来进行是非常合适的，因为此时正是培养学生创造力、动手能力、实践能力的最佳时候，只有让学生将所学与社会实践联系起来，才能培养出真正的应用型人才。而德的考核则升级为亲近师长，这是社会教育的开始。古人"天地君亲师"的观念深重，培养一个学生热爱教师、尊敬教师，那么这个孩子在家里就会尊敬师长，将来就会热爱国家，敬畏法律，懂得感恩和责任，就会成长为一个顶天立地、"为天地立心，为生民立命，为往圣继绝学"的人。

第四，七年后知识考核成了"论学"，就是看看学生在学问上有没有独到的见解，培养学生独立认识事物、独立思考、独立发表见解的能力。这是何等高明的教育智慧，我们时下的教育却有让学生的独立思考能力在标准答案的束缚中逐渐泯灭殆尽的危险。而德的考核则上升为是否会选择朋友，培养学生的团队认知能力和人际交往能力，这是培养学生走向社会的必要一步。而在独生子女成为普遍现象的今天，这样的教育反而缺失了，想想就令人万分担忧。

第五，九年是初级教育的一个小结，最后培养出什么样的人呢？"知类通达，强立而不反"——知识通达，能够触类旁通，遇事不惑而且不违背原则。用现在的话来说，就是智慧豁达、独立自主、懂得应变与创造、不违背道德和法律的人。这样的人何尝不是我们未来社会需要的人啊！

这样的人走向社会才能服务于一方，奉献于一领域，可以让亲近的人愿意和他一起打拼事业，让不知道他的人受到他的影响。这才是教育的终极追求啊。

原文：大学始教，皮弁祭菜，示敬道也；宵雅肄三，官其始也；入学鼓箧，孙其业也；夏楚二物，收其威也；未卜禘不视学，游其志也；时观而弗语，存其心也；幼者听而弗问，学不躐等也。此七者，教之大伦也。记曰："凡学，官先事，士先志。"其此之谓乎。

我的读后感：

教育是要讲究循序渐进的，这条原则丝毫不能违背。试看我们时下迫于考试压力的赶进度、补习班之举，正是违背教育规律的揠苗助长之法。而尤其需要注意的是，其中论述的教学的七项大原则值得我们今天学习借鉴。

其一，"大学始教，皮弁祭菜，示敬道也"。开始教学之前，先要举行祭祀先圣先师的仪式，而这个仪式是神圣的，是庄严肃穆的。通过这个仪式，学生能够产生对知识的敬畏之心，对师长的敬重之念，本着这样一种纯粹的信念开始一天的学习是令人神往的。

其二，"宵雅肄三，官其始也"。先练习《诗经·小雅》中《鹿鸣》《四牡》《皇皇者华》三首诗歌，劝勉学生以莅官事上之道。教学中先教会学生做人，将德育寓于知识教育之中，这与我们时下存在的纯知识的说教，只顾把学生当作知识容器的教学方法截然不同，但的确是真正的育人之道。

其三，"入学鼓箧，孙其业也"。击鼓召集学生，正式打开书箧（书包），希望学生以谦逊谨慎的态度学习。"鼓"者，鼓励、勉励也。古人将每日的学习作为一项宗教仪式来进行，处处一派神圣。教育应该要具有宗教一般的涤荡心灵的作用，不是单纯的知识灌输，是助益灵魂提升的过程。学生和老师都要怀着一种宗教般的热情去投入学习之中，怀着宗教徒般的执着去追求知识，追求真理。古人甚解此意，令作为后辈的我们汗颜。

其四，"夏楚二物，收其威也"。夏楚两物（教鞭）用来警醒鞭策学生，收到整肃威仪的效果。任何教育都需要伴随着适当的惩戒，只依靠说服与劝勉的教育对人的改变是不完善的。当然惩戒不是教育的目的，而是教育的必要手段，这点需要向韩国学习。在韩国，教师体罚学生是有专门法律的，而且韩国的教鞭由教育部门统一规定规格和材质，保证了惩戒的意义和程度。

其五，"未卜禘不视学，游其志也"。这一点是讲给上级教育部门听的，教育视察不能影响教学秩序。可是现实生活中我们有多少为了迎接上级检查学生停课搞大扫除的事情，甚者还有为了领导能看场文艺表演，师生放弃正常的教育教学加班加点排练，可笑至极，亦可悲至极。

其六，"时观而弗语，存其心也"。教师常常观察学生，但是并不轻易发言，等到适当的时候再加以指导，是要使学生自动自发。"不愤不启，不悱不发"，这是伟大的教育智慧，教师要多观察，在学生确实需要的时候予以适当的指导。为什么现在的学生憎恨老师，憎恨家长？这跟我们平时对其无谓的干涉和"指导"不无关系，所以切记切记。

其七，"幼者听而弗问，学不躐等也"。要因材施教，不能随意地违背教育规律，拔高学生的认知能力。可是我们时下的学生几乎是从出生开始就被父母纳入成人化的教育之中，各种补习班、特长班压在孩子幼小的肩膀上，美其名曰"不让孩子输在起跑线上"，殊不知，任何违背自然认知规律的教育都是在磨灭孩子的灵性，透支孩子的智慧资源，阻碍孩子未来的发展。

《学记》将以上七者看作教学的"大伦"，也就是进行教学的基本原则，足见其重要的意义。

原文：大学之教也，时教必有正业，退息必有居学。不学操缦，不能安弦；不学博依，不能安诗；不学杂服，不能安礼；不兴其艺，不能乐学。故君子之于学也，藏焉，修焉，息焉，游焉。夫然，故安其学而亲其师，乐其友而信其道。是以虽离师辅而不反也。《兑命》曰："敬孙务时敏，厥修乃来。"其此之谓乎。

我的读后感：

这是讲教育的方法。教师教育学生首要的任务是什么呢？是培养学生的学习兴趣，建立起学生对学业最坚定的信仰。很多时候，老师们感到为难，兴趣之事岂是教师能力之所为？但是不得不说，教师作为带领学生走进学习殿堂的人，对培养学生的学习兴趣起着十分重要的作用。而具体如何去做呢？这则用几组抽象的举例为我们提供了一些参考方法：

首先，要重视学生小的行为，善于引导。如果学生在一些小的细节方面做好了，那一定可以承担更大的任务，即所谓"不学操缦，不能安弦；不学博依，不能安诗；不学杂服，不能安礼；不兴其艺，不能乐学"，不要要求学生一步到位，更不要轻易否定学生。

第二，教会学生"正业"和"居学"的辩证。现在提倡减负，而事实上学生负担并没有减下来，原因有很多，其中最重要的是老师和学生都没有认识到正常的教学时间所学和家庭作业的关系，只是一味地将家庭作业当作学校教育的延伸和补充。笔者以为，家庭作业不能再一味以书面作业的形式增加学生的负担，可以将让学生做一些实验、完成一些论文、读一些课外书等作为家庭作业，这样学生也许更乐于接受和乐于完成。

一旦学生的学习兴趣培养起来了，那么就能实现"藏焉，修焉，息焉，游焉"

都能是学习，都能进步。而一个怀着正确学习信念的学生才会"安其学而亲其师，乐其友而信其道。是以虽离师辅而不反也"。

原文：今之教者，呻其占毕，多其讯，言及于数，进而不顾其安，使人不由其诚，教人不尽其材，其施之也悖，其求之也佛。夫然，故隐其学而疾其师，苦其难而不知其益也，虽终其业，其去之必速。教之不刑，其此之由乎！

我的读后感：

读罢此则，我不得不敬佩古人的教育智慧。"呻其占毕，多其讯，言及于数，进而不顾其安，使人不由其诚，教人不尽其材"，就是说教师只是照本宣科，讲解多而且快，进度快又不考虑学生能否接受，不诚心地教育学生，不考虑学生才能的高低来因材施教。这么做是违背教育规律的，学生求学当然不会顺利。

其实大班授课制下这种情况愈演愈烈，在一个班级之中很多学生其实是"被学习""被听课"，老师讲的听不懂，老师关注不到自己，自己就被囫囵裹挟着读书，最后的结果可想而知。而要是遇上误人子弟的老师，那就更可怕了。所以，学生最后"虽终其业，其去之必速"，看看每年高考结束后多少学生放肆地烧书丢纸，憎恶书本至极，这不能不说是教育的悲哀，是时代的悲哀。

所以，笔者一直有个观点：慢慢读，慢慢教，慢慢欣赏，教育是慢的艺术，欲速则不达，在体制允许的范围内，尽量地慢下来，让不同层次的学生嚼碎了，然后他才有望取得些许进步。

原文：大学之法，禁于未发之谓豫，当其可之谓时，不陵节而施之谓孙，相观而善之谓摩。此四者，教之所由兴也。

原文：发然后禁，则扞格而不胜；时过然后学，则勤苦而难成；杂施而不孙，则坏乱而不修；独学而无友，则孤陋而寡闻；燕朋逆其师，燕辟废其学。此六者，教之所由废也。

原文：君子既知教之所由兴，又知教之所由废，然后可以为人师也。故君子之教喻也，道而弗牵，强而弗抑，开而弗达。道而弗牵则和，强而弗抑则易，开而弗达则思，和易以思，可谓善喻矣。

我的读后感：

这三则讲述的是德育教育的基本方法，句句是金玉良言，值得每位教育工作者终生记取。成功的教育方法是以下四点。

第一，"禁于未发之谓豫"。教育者要在学生恶念产生之前就能禁止住。这需要教师将育人工作贯注在自己教育教学工作的每时每刻，如果是班主任的话，要建立起常规的班级文化，在每时每刻的文化熏陶中，让学生自觉地摒弃邪念，培养出纯洁美好的心灵。

第二，"当其可之谓时"。当学生可以教诲的时候才加以教导，就叫作合乎时宜。育人工作要适时而动，笔者将其概括成"焐热了再说"，一定要将巧力敲击到学生心灵最脆弱的地方，方能一招制胜，否则隔靴搔痒，终无所用，反而会恶化师生关系，让学生成为"老油条"。

第三，"不陵节而施之谓孙"。依据学生的能力程度，不跨越进度，不超出其能力来教导，就叫作循序渐进。这一点做起来很难，需要教育工作者在实践中认真体会，需要教育者的智慧。我们经常听到学生说"老师就会拿大道理来训人"，这其实就反映出我们的教师没有依据学生的掌握程度和认知能力来进行教育，而是一味以自以为是的方法拔高了学生的认知，这样的教育方法是很难奏效的。

第四，"相观而善之谓摩"。使学生互相观摩而学习他人的长处，就叫作切磋琢磨。其实真正强大的教育很多时候不是来自教师，而是来自学生。学生彼此之间很容易在心灵上产生认同感，所以教师可以为学生的发展创造良好的环境，让学生去影响学生，"物以类聚，人以群分"，一个风尚纯净的环境，加之学生之间团结友爱，每个人都积极进取，学生能教育不好吗？这样的教育就是成功的教育。

相反，失败的教育方法是怎样的？

第一，"发然后禁，则扞格而不胜"。邪恶的念头已经产生，然后再来禁止，因为错误的观念已经坚不可拔，教育亦难以胜任。在现实的教育生活中，我经常看到通报批评、留校察看、开除等各级各类的处罚公告出现在学校的公示栏中，我就想，这种教育是不是有效的，依靠事后处罚建立的教育究竟能持续多久？学生已经犯了错误再来阻止他，只能维持秩序，不能涉及心灵。

第二，"时过然后学，则勤苦而难成"。适当的学习时期过了才去学，虽然努力苦学，也难有成就。这一点务必让每个学生记取，抓住大好年华，努力学习，莫负青春。

第三，"杂施而不孙，则坏乱而不修"。东学一点西学一些，却不按照进度学习，只会使头脑混乱毫无条理。学习要循序渐进，更要有节奏，有条理，任何学生和教师都不要自以为是地去破坏学习的规律和系统，否则将会终无所成。

第四，"独学而无友，则孤陋而寡闻"。没有同学在一起研讨，切磋琢磨，便会落得孤单落寞而少见闻。笔者在教育实践中发现，现在独生子女家庭成长起来的孩子，性格孤僻，不喜合作，而学校教育又很少对群学群进加以鼓励，导致最后很多孩子不但学业上进步不大，甚至人格上都出现重大问题，不能不说是极大的遗憾。

第五，"燕朋逆其师"。结交不正当的朋友，会导致违背师长的教训。

第六，"燕辟废其学"。不良的习惯，会荒废自己的学业。

原文：学者有四失，教者必知之。人之学也，或失则多，或失则寡，或失则易，或失则止。此四者，心之莫同也。知其心，然后能救其失也。教也者，长善而救其失者也。

我的读后感：

把握学生的学习心理是每一位教育者必修的专业。学习心理简要概括无外乎此四类：第一，贪多图快嚼不烂；第二，浅尝辄止目光短；第三，自以为是生懈怠；第四，自我设限不进步。

在笔者的教育生活中，第一类孩子不多但是也有，这类孩子在面对失败的时候最伤心，好像自己付出了很多，可是所收获的却不是那么满意。对于这类孩子，教师要建议孩子尽量慢下来，不要所求过多，把每一步走得踏实一点，徐徐进取，一定会大有进步。

第二类孩子很多，他们懒于动脑，对知识和生活都抱着一种被动的态度，觉得差不多就行了，过得去就可以了。这种习性对学习以至将来的生活，危害都是大大的。教师要用目标和制度给这类孩子施加必要的压力，迫使他有更深一步的追求，而且要在他做出努力和看到进步的时候适时地予以鼓励，久而久之，慢慢会纠正这种习性。

第三类孩子其实最难成就，这类孩子不只是在学习上自以为是，在生活中也是如此，他们听不进别人的劝解，本能地藐视周围的一切。对于这类孩子，笔者倒以为不要一味地顺从和劝诫，要找到适当机会给他以挫败感，让他学会低下自以为是的头颅，然后再慢慢让他在正常的轨道中逐渐建立起自信。

第四类孩子是我在教育生活中遇到最多的，这类孩子多半在某个生活阶段受到过限制和打击，所以在他们的口中你总能听到一句话："我怎么可能……"，或者"我真的做不到……"。让这类孩子树立信心是最重要的，他们只要突破画地为牢的心理，就会迎来自己人生的进步。

读《人性的弱点》跟卡耐基学做老师(之一)

——如何做一位轻松快乐的老师

北京十一中学校长李希贵说:"我们每位老师都应该去读读卡耐基,他教会了我很多。"被誉为20世纪"成人教育之父"的戴尔·卡耐基先生在《人性的弱点》一书中以他对人性的洞见,通过生动翔实的普通人奋斗成长的事例挖掘人性弱点,向人们开启了一扇成长与成功的大门。卡耐基认为,一个人的成功,只有15%归结于他的专业知识,还有85%归于他表达思想、领导他人及唤起他人热情的能力。

做一名轻松快乐的老师,是每位教育者的梦想,也是教育者寻求自我解放的终极途径。在《人性的弱点》一书中,卡耐基为我们阐述了人生快乐平安的三条原则。

第一条原则:改变不良的工作习惯

教师工作千头万绪,烦琐而辛劳,但是卡耐基说:"人不会因为过度劳累而死,却会因为放荡和忧烦而去。"工作习惯不好,会成为教师获得幸福与成功的大敌。

第一个不良的工作习惯：办公桌上乱七八糟。

我就是这个不良工作习惯的受害者。我的办公桌上堆着数不清的作业，学生的假条，需要下发的学校文件，我的备课本、听课本、教参，等等。我每天走进办公室，看到东西堆积如山的办公桌时就感到又是疲累而辛苦的一天。直到看到卡耐基的文章，我决定彻底清理一次自己的办公桌。当我把半年前的学生作文本、一年前的试卷和废报纸统统清理掉的时候，忽然感到坐在办公桌前的自己脑子有条理了许多，我竟然能够清楚地知道自己今天需要做的几件事情，这种感觉从来没有过，身心顿时都清爽许多。所以，教师同仁们，请记住卡耐基的这段话：当您的办公桌上乱七八糟，堆满了待复信件、报告和备忘录时，就会导致你慌乱、紧张、忧虑和烦恼。更为严重的是，一个时常担忧万事待办却无暇办理的人，不仅感到紧张劳累，而且会引发高血压、心脏病和胃溃疡。

第二个不良的工作习惯：做事不分轻重缓急。

卡耐基说："长期的经验告诉我，没有人能永远按照事情的轻重程度去做事。但我知道，按部就班地做事，总比想到什么就做什么要好得多。"教师工作并非如一般人想象的那样是朝九晚五，按部就班，尤其是担任班级管理工作的班主任，每天都会有千头万绪的细致工作要去做，这个工作量是非常繁重的。所以，要想让自己轻松快乐，就必须学会计划好每一天的生活，即使遇到再棘手的事情，也要将其纳入一天的工作计划之中，不要让自己乱了阵脚。这样长期坚持遵照自己的计划工作，一定会大大减轻教师的身体和心理负担，从而让自己变得轻松起来。

第三个不良的工作习惯：将问题搁置一旁而不是马上解决或做出决定。

我的办公桌上经常堆满过期的杂志和报纸，其实我只要利用十五分钟就可以处理掉当天的报纸，可是为什么一定要越积越多呢？这就是"不马上解决或做出决定"的恶果。卡耐基列举了一家钢铁公司的规定，"一次只提一个问题，直到解决为止，绝不拖延"，这一规定为这家公司带来了高效率的收益。所以，现在只要有学生找到我，让我帮他修改作文，我马上就说，来，我这就给你改，下课后你来拿。如果有学生找到我需要我的帮助，我马上就会说，好的，来，坐下来，我们谈谈。我真切地感受到了这种马上解决问题所带来的好处，它让我可以轻松地坐在桌前读上一本自己喜欢的书，之前这种时刻我一定在心慌意乱地想着需要干点什么呢，其实却什么也没干。

第四个不良的工作习惯：不会组织、授权与督导。

教师工作看似平淡其实却充满挑战和压力，尤其是担任班主任的教师，如果没有培养起学生的自我管理能力，班级大小事务事必躬亲，那么就难免陷入无尽的匆忙、忧烦、急躁和紧张当中。所以，为了成为一个轻松快乐的教师，我们要学会调动学生的积极性和主动性，培养学生的自我管理能力。特级教师魏书生的教育经历令人惊讶：他担任实验中学校长与书记，兼任两个班的班主任，承担两个班的语文教学，平均一年外出开会达 4 个月之久，却从不请人代上一节课；他学期之初即进行期末考试，一学期教材他用 30 多课时就讲完了；他不批作业，但他的学生的升学成绩却能比其他重点中学平均高 7.8 分……面对这一切，人们不禁要问：魏书生究竟依靠什么获得教学的成功？在认真研究魏书生的一系列教学经验后，我们不难发现这样一个事实，那就是：高效率的班级管理是魏书生教学成功的一个不容忽视的重要因素。我们甚至可以这样说，魏书生的教学离不开管理，没有他成功的班级管理就没有他今天的教学奇迹。

第二条原则：学会放松，解除疲劳

近年来，随着社会生活节奏的加快，教育环境的变化，教师群体的健康状况越来越受到社会关注，尤其是教师群体的精神健康状况，不但关系教师本人，更会影响学生的成长，更加值得我们重视。

第一，学会放松，解除疲劳。

教师工作的日复一日年复一年最容易让人产生疲倦感，近年来教师自杀的新闻屡见报端。2012 年 3 月，三亚民族中学一黄姓女老师在毫无征兆的情况下被发现在宿舍内自缢身亡，她留下遗书称受到学生的恐吓和威胁，而且称"学校故意安排我做那么多活，我都累垮了"。4 月 27 日，河北馆陶县第一中学，未满 30 岁的高三年级班主任赵鹏服毒自杀。他留下遗书称，活着太累，每天无休止地上班让人窒息，工资只能月光，决定自杀离世。卡耐基援引英国精神病理学家哈德·菲尔德的研究结论说："大部分疲劳的原因源于精神因素，真正因生理消耗而产生的疲劳是很少的。"教师工作的性质让精神永远不得休息，尤其在如今高强度的教育竞争之下，教师易因忧虑、紧张等导致疲劳，长期的压力得不到缓解，最后终于崩溃。为此我们真的应该听听卡耐基的教导，他为我们提出了放松自我的四条小建议：

1. 随时保持放松，让身体像只旧袜子一样松弛。

2. 尽量在舒适的情况下工作。记住，身体的紧张会导致肩痛和精神疲劳。

3. 每天自省四五次，并且自问："我做事有没有讲求效率？有没有让肌肉做不必要的操劳？"这样会使你养成一种自我放松的习惯。

4. 每天晚上再做一次总的反省。丹尼尔·桥塞林说："我不以自己疲累的程度去衡量工作绩效，而用不累的程度去衡量。"

第二，不要对事情感到倦怠，而应使之充满乐趣。

工作的倦怠感是我们经常会产生的，我就经常在早晨起床时忽然很不想去上班，甚至一度产生非常强烈的逃离的冲动。当我遇到一个非常棘手的教育难题，面对一个不可理喻的顽皮学生的时候，我也会产生这种疲倦感。毕竟我们没法选择生活，纵然我们对教育事业是多么热爱，倦怠感还是会在不经意的时候侵袭我们。卡耐基说："引起疲劳的主要原因之一是倦怠感。"倦怠感一旦产生，那么工作对我们的生命就是一种折磨，为此，卡耐基援引一位戈登小姐的事例，为我们提供了一种"假装"哲学，其实就是中国的"阿Q"精神——进行自我宽慰，假装让自己感到快乐，这样就能减少疲劳、紧张和忧虑。

卡耐基说，"每天时时跟自己交谈，可以引导自己思考什么是勇气和幸福，什么是平安和力量；每天跟自己谈些需要感谢的事，这样，你的心灵就会海阔天空，快乐欢畅"，"记住，你有一半清醒的时间花在工作上，如果你不能从工作中得到快乐，可能也很难从别处得到。时时提醒自己，对工作保持兴趣，这不但可以免除忧虑，从长远看，还可以使你得到升迁加薪的机会，纵不能，它还是可以减低疲劳，并且帮助你欢享自在的时光"。

第三，活在今天，想得开心，做得开心，你就真的会觉得开心。

我的教师同仁们，不妨按照卡耐基的下列建设性思想，来为自己的生活争取最大的快乐！

活在今天

1. 今天我要很开心。因为林肯说过："多半的人都可以决定自己要有多快乐。"快乐源于人的内心，它并非外来之物。

2. 今天我要调适自己，而非调整世界来配合我。我要让自己配合我的家庭、事业与机运。

3. 今天我要照顾自己的身体。我要运动它、关心它、滋养它、不滥用它、不忽略它，使它成为我心灵的殿堂。

4. 今天我要强化我的心灵。我要学习，不让心灵闲置，我将阅读需要专注、思想与努力的读物。

5. 今天我要由三方面操演我的心灵：我要默默地为某人做一件好事，再起码做两件我不想做的事，照威廉·詹姆士所说的，只是为了让心灵演练，不致怠惰。

6. 今天我要使自己怡人。我要使自己看来愉悦，穿着合宜，轻声慢语，举止恰当，多予赞赏，少批评，不找任何事的毛病，也不想挑任何人的缺点。

7. 今天我要全心全意只活这一天，不去想我整个的人生。一天工作12小时固然很好，如果想到一辈子都得如此，可能会先吓坏我自己。

8. 今天我要制订计划。我要计划每小时要做的事。可能不能完全遵行，但我还是要计划，为的是避免仓促及犹豫不决。

9. 今天我要给自己保留半小时轻松时间。我要用这半小时祈祷，想想我人生的远景。

10. 今天我将无所畏惧，特别是我不怕更快乐，更享受人生的美好；也不怕失去爱人，相信我爱的人亦爱我。

第三条原则：不要指望别人感激你

也许是受"天地君亲师""一日为师，终身为父"等传统文化的影响，教师职业总是与崇高或者受人尊敬等相联系，教师的头上顶满了诸如"太阳下最光辉的职业""人类灵魂的工程师"等种种光环。久而久之，做教师的我们，就总是希望得到来自学生的感恩，我就经常听到同事们抱怨，抱怨时下的学生不懂得感恩，抱怨学生不理解老师等，我也曾经一度为教师节得不到学生的问候和祝福而难以释怀。但是现在想想，那真是很傻的事情，英国的约翰逊博士说了这样的话："感恩是极有教养的产物，你不可能从一般人身上得到。"

要想成为一个轻松快乐的教师，卡耐基的忠告是：

第一，寻求快乐的途径是不要期望他人感恩，付出是一种享受施与的快乐。

教师职业的幸福感本身就建立在奉献的基础上，要不然怎么会有那么多的光环围绕在我们的头顶上呢。"我们天天抱怨别人不会知恩图报，到底该怪谁？这是人性。所以不要再指望别人感恩了。如果我们偶尔得到别人的感激，就会是一个惊喜。如果没有，也不至于难过。""忘记感谢乃是人的天性，如果我们一直期望别人感恩，多半是自寻烦恼。"我读完这段话的时候，真的如同卸下了很重的包袱，当我不再要求我的学生一定要对我感恩戴德的时候，我就不会变得那么尖刻，那么歇斯底里，我只要做好一个老师应该做的就是了。正如卡耐基说的："要追求真正的快乐，就必须抛弃别人会不会感恩的念头，只享受付出的快乐。"

第二，算算你所得到的恩惠，不要去清点你的烦恼。

作为一个语文老师，我不止一次地给学生讲过这样的故事：一个老太太有两个女婿，大女婿卖遮阳伞，二女婿卖雨靴。老太太整天愁眉苦脸的，原来，她老是认为，阴天大女婿没生意，晴天二女婿没生意。后来别人告诉她，你应该高兴才是，因为不管阴天还是晴天，你们家都有生意做。老太太从此每天都很开心。这个故事告诉我们，生活中并不缺少快乐，而是我们缺少感知快乐的能力，换个角度看待生活，你就能获得快乐。我每次都讲得义正词严，但是自己却从来没有做到过。

作为教师，如果我们能放大学生的优点，总是用欣赏的眼光、喜悦的心态来面对学生，面对每一天的教育生活，我想我们一定可以收获满满的快乐。教育是一种疗救灵魂的职业，我们总会不可避免地看到人性不光彩的一面，但是我们不能因此让自己的教育生活变得雾霾沉沉，反倒要不断在学生身上发掘他闪光的地方，无限地放大，放大，不要以为这仅仅是为了学生的成长，这也是为了你有一个美好的心态。所以卡耐基建议，学校应当镂刻悬挂威廉·波利梭的这段话：人生最重要的不只是运用你所拥有的，任何人都会这样做，真正重要的课题是如何从你的损失中获利，这才需要真智慧，也才显示出人的上智下愚。优秀的学生正直，顽皮的学生可爱，愚笨的学生沉稳，颓废的学生聪明……也许我们即刻就可以开始，试着去盘点自己所拥有的，不要总是被几个学生、几件烦心事整得身心疲惫，"命运交给你一个酸柠檬，你得想法把它做成甜的柠檬汁"。

第三，每天尽力取悦他人，学会自我反省，不断完善自己。

要是我早几年知道这个道理，我想我会少走许多弯路。因为年轻，我总是习惯自以为是，习惯锋芒毕露，习惯批判身边的人和事，对自己的反省却总是不够。"每天尽力取悦他人"不是让我们失去自我的原则，而是竭尽全力去对别人的所作所为表示出一种赞赏。好为人师是我们教师的通病，指责和批评别人是我们的职业习惯，我们要慢慢修正，改掉这些不良的习性，为的是让自己快乐起来，享受一种成全别人的幸福。卡耐基引用德莱塞的话说："如果你想从人生中得到任何快乐，就不能只想到自己，而应为他人着想，因为快乐来自你为别人，别人为你。"

经常反思自己，教师尤当如此。自己每天的教育生活要仔细地进行梳理，这是我们人格和专业成长必不可少的途径。要勇敢地剖析自己，诚恳地接受来自领导、同事、家长、学生的批评，这不关涉师道尊严什么事，只是为了让我们更完美，在未来的教育生活中变得更加睿智。卡耐基这样说："听到别人谈论我们的缺点时，想办法不要急于辩护。因为每个没头脑的人都是这样的。让我们放聪明点，更谦虚一点，我们可以气度恢宏地说：'如果让他知道我的其他缺点，只怕他还要批评得更厉害呢！'"

读《人性的弱点》跟卡耐基学做老师（之二）

——如何成为一位让学生喜爱的老师

真诚地关爱学生

也许世界上再也找不出比真诚地关爱学生更容易让你成为一位受人尊敬的老师的理由了；爱学生，真诚地爱学生，这是教育的本质要求。

2004年9月，上海组织千名新班主任宣誓上岗。这一天，主办方上海市教委特意请来了有几十年班主任工作经验的于漪老师给大家讲第一课。于漪满怀深情的第一句话就是：丹心一片是关键。她说，班主任心中要有一团火，这团火是爱祖国、爱学生的激情。没有爱，就没有教育，爱与激情是教师尤其是班主任的基本素质。"你对孩子是全心全意，还是半心半意、三心二意，孩子心中清清楚楚。只有把爱播撒到学生的心中，他们心中才有你的位置。"

著名小学特级教师、教育家斯霞老师也是一位对学生充满热爱的人，她爱孩子，细心呵护，无微不至。在晚年重病即将住院的前夕，她仍拖着病体，将一本本自费购买并亲手签名的书籍颁发给获得"斯霞奖学金"的学生们。斯霞老师曾经说过："我一辈子教书，没有惩罚过学生，没有骂过学生。"

同样作为老师，我甚至无法想象需要何等的大爱情怀才能达到这样的境界，"高山仰止，景行行止。虽不能至，心向往之"。

无数教育家的成长经历和他们毕生的教育实践都告诉我们，只有对学生真诚地关爱，才会包容学生、感化学生、影响学生，进而成就学生。这种人心与人心的交换，是最有效的教育方法。我们既然选择了教师职业，就必须呵护和培养一颗慈善的爱心，如同阳光一样，将真诚的爱之光芒照遍每个孩子的心田。

在教育实践中，爱和严似乎是一对矛盾。我们老师最容易犯的错误就是以爱的名义戕害学生的心灵。于漪老师就告诫过青年班主任，严出于爱，但严要严在理上，是是非非要向学生说清楚，而要对是非做出正确判断，班主任必须研究学生的生活。严还要讲究艺术，于漪老师说，板起面孔训斥学生甚至挖苦学生不是严，以理服人、以情感人才是真正的严，这是教育艺术。"每个孩子都是活泼的生命体，教师要维护他们的自尊，激励他们的自信，并让他们学会自控。"

我再一次引用下面这两则故事，说明真诚地关爱学生对于教师的重要性：

第一个故事是女作家三毛和数学老师的故事。三毛13岁时，数学成绩并不好，她觉得老师上课看她的眼神非常冷淡。数学老师的这种冷淡使她的数学成绩始终好不起来。敏感的三毛一上数学课就头昏脑涨，甚至觉得数学老师的眼睛像小刀一样充满了杀气。后来她发现老师每次出的小考题目都是从课本后面的习题中选出来的，于是她就每天把题目背下来。由于记忆力很好，那阵子她一连考了六个100分。这样的小把戏很快就被智力、经验和能耐比她高得多的老师看穿了，老师把三毛喊到办公室做一些不同的考题，一下就戳穿了三毛的把戏。

为了惩罚三毛，老师当着全班同学的面用墨汁在三毛眼睛周围画了两个黑圈，全班同学看到三毛的样子顿时哄堂大笑。下课后，老师还让三毛带着这两个黑圈到操场上走了一圈。三毛在这样的侮辱下，心理出现了严重障碍，"器官全部封闭起来"，再也不能去上学了，只能缩在自己的世界里。从 13 岁到 20 岁，七年中三毛只和三个人说话——爸爸、妈妈和教她画画的顾福生先生。

另外一个故事是女作家席慕蓉和数学老师的故事。席慕蓉读初中时，国文出奇地好，曾在年级的国文阅读测验中得过第一名。但数学相当糟糕，面对数学课本，就像面对天书，数学老师教的东西，她没一样能懂。她戏称自己为天生的"数学盲"，并且断言这种盲永远无药可救。

她跌跌撞撞地读到初三时，数学要补考才能参加毕业考。她知道事态的严重，却无法左右事态的发展，只好整晚不睡觉，把一本《几何》从头背到尾。第二天上数学课时，老师讲到一半，忽然停下来，在黑板上写了四道题让全班演算。这没头没脑的四道题在下午补考之前出现在黑板上，又与正在教的内容毫无关系，再笨的学生也明白老师的良苦用心。

于是，席慕蓉忽然就成了全班最受怜爱的人，几个同学边笑边叹气边把四道题的标准答案写出来教她背。她背会了三道，在下午的补考中得了 75 分，终于能够参加毕业考，终于毕了业。后来，初中最后的那堂数学课连同数学老师关切和怜爱的眼神，一并成为席慕蓉生命中温馨美丽的记忆。

不要忘记微笑

首先我得承认，这一点我做得相当不好，特别是做了班主任之后，我发现自己的脸开始逐渐"石化"，渐渐不知道怎么去笑了。想想我学生时代曾经历的那些老师，印象中好像也都是一张张"苦瓜脸"，偶尔老师对我们笑笑，我们会高兴上一整天。可是自己当了老师之后，还是照旧把一张"苦瓜脸"摆在学生面前。烦躁、生气、疲倦等都会成为我们不会微笑的理由。但是卡耐基说："人格中一种最可爱的因素，就是那令人倾心的微笑。"教师是陪伴学生成长的人，微笑又是不需要我们付出什么就能轻而易举给予学生的东西，为什么我们就是"千金难买一笑"呢？

卡耐基指出，"行为胜于言论，对人微笑就是表明'我喜欢你，你使我快乐，我喜欢见你'"。这是我们奖赏学生最好的礼物，什么样的学生不想成为老师喜欢的学生呢，什么样的学生不喜欢总是对他报以灿烂微笑的老师呢？

在这里让我们聆听一个关于"微笑"的真实的教育故事：

因为我当年的微笑

12月31日，这个寒冷又温暖的下午，学校门卫打来电话，说2008届姓沈的学生要进校看我。我有点迟疑，脑子里迅速回放着2008届学生的信息，但记不起这样一个名字。办公室的门被推开，看到他的面孔，我想起来了："是18班的吧？""是啊，老师，您还记得我！"学生一脸兴奋，倒映衬出我的窘迫。他在我身旁坐定，开始娓娓道出这几年有关他的故事：当年高考失利，复读一年，终于考取苏大，两年前选择赴美留学；因临行比较匆忙，没有回来看望老师，所以像少了些什么，始终不得安宁。两年来，每每上网，他就疯狂地搜索与母校有关的信息，他边说边拿出iPad，眉飞色舞地展示给我看他浏览过的网页。我很好奇，身在异乡的他竟会如此想念曾经待过的学校，他一脸正色地说，想母校自由的空气，想母校深厚的人文氛围，更想母校老师充满关怀与期待的教导。

其实，我对他了解并不多。那一年我服从学校安排留在高三，半途接班，偶尔的接触也仅限于学科学习与交流，却不想若干年后他竟会专程来探望我。他说，不如意的时候，会想起我的笑容，因为那是一种温暖和动力。"我的笑容竟有这等魔力？"我有些惊讶。"那年，您不是去做了个手术吗？"他见我疑惑，启发我。那年纤维瘤手术的经历我此生不会忘却，不仅因为这是我平生的第一次手术，更是因为第一次深切地感受到术后的痛楚，撕心裂肺竟致彻夜难眠，实在不愿再提。他见我不语，便解释说："但您只休息了两天就来给我们上课了，更奇怪的是，您始终微笑着，脸上丝毫看不出半点病容。全班同学都佩服您！""就因为这？"我有些不解。"是啊，经历了手术，仍然有那么饱满的精神状态，这需要多么大的力量！"他一脸的认真！

看着他生动而诚挚的神情，我才知道这份感情是如此真切。我似乎突然明白了我与他的"交情"，也似乎突然读懂了那届学生对于一个只陪伴了他们一年的老师的尊敬和喜爱。能走进一个人的心灵深处，那绝不是靠教学方法或技巧就行的，唯有真心。当年的我其实并没有想得太多，只是本着一种对职业的尊重、对学生的负责，私心也想用紧张充实的工作麻醉身躯的痛楚；我说服了家人，在术后两天重新回到讲台。虽然行动僵硬而不自然，有意无意地"赖"掉板书，也会因为伤口的疼痛而眉头紧蹙，但或许是习惯使然，或许是潜意识里觉得应该给高三的学生传递更多的正能量，所以始终坚持一进教室就微笑，却没料想这微笑竟在若干年后积淀成了一股促人勇往直前的力量。

真得感谢学生，是他们的存在、他们的成长体现了教育工作的价值和意义，让我们获得了幸福感和成就感。然而，幸福之余，我也在这个故事里咀嚼出了另一种味道：一个小小的微笑竟有如此魔力，可见我们身上的担子不轻，以后更应把工作做细些，免得留有遗憾。或许，我该把这种味道称为"责任"。

一个微笑，竟然能给一个学生带来一生的感动和促进，这何尝不是教育的力量呢？如果我们每位教师都能让学生一生铭记，我们还有什么不满足呢？所以，请跟着卡耐基一起来实践赫巴德的如下格言：

你每次外出的时候，正正颜，抬高头，肺气饱满；在阳光中呼吸；对朋友微笑，每次握手集中精神。不要怕被误会，不要费任何时间想你的仇敌。要在你心中确定你喜欢做什么，然后，不变方向，直向目的地行进。全神贯注于你喜欢做的伟大事情上，以后，在日月如流之间，你会发觉不知不觉中抓住了为满足你欲望必需的机会，正如珊瑚虫由潮流中取得所需要的原质一样。在脑中想象你希望成为的有能力、诚恳、有用的人，而你所保持的思想，时时刻刻地改变你，使你成为那种人……思想是至高无上的。保持一个正确的心态——勇敢、诚实、欢悦的态度。思想就是创造，所有的事都是由欲望而生，凡真的祈求，都有应验。我们心中关注的是什么，我们就变成什么。收敛你的容颜，抬高你的头，我们就是明天的神仙。

记住学生的名字

卡耐基说："记住别人的名字，它是语言当中最甜蜜最重要的声音。"我想对于一个老师来说，记住学生的名字应该是能够得到学生认可的最基本条件；对于刚刚踏上教育岗位的青年教师来说，这也是成为一名合格教师最基本的修养。也许有的同仁会以自己记忆力不好为由，对学生的称呼用学号等来代替，但是我可以负责任地说，能不能记住学生的名字其实和记忆力好坏没有任何关系，只在于我们是否用心去记了。"一种最简单、最明显、最重要的获得好感的办法，那就是记住他人的姓名，使他人感觉对于别人很重要。"

我们是教师，一言一行都要以教育者的姿态来要求自己，对学生示以尊重和喜爱是我们开展教育的第一步。教育家于漪每接一届学生，都会在临开学的时候首先拿学生的花名册和照片一一对应，牢牢记住学生的名字。当开学的第一天，她能准确地叫出学生名字的时候，学生脸上显出的是惊喜和幸福，这就是教育的开始。我想我们每位教育者都希望自己能够在学生的心目中留下永恒的印象，那么，我们为何就连学生的名字都不愿记住呢？

记住学生的名字，首先传达给学生的就是尊重，任何人都不希望自己的名字被"嗨""八号""穿白色衣服的那位同学"等毫无情感的词汇代替。其次，学生是正在成长中的人，老师是引导学生前行的导师，学生想知道自己在老师心目中的地位，老师微笑着喊出学生的名字，无疑会鼓舞学生，给学生满满的感动。

我们来看一篇一位中学老师的教育反思：

老师，请叫我的名字
曹永收

一天晚上，我准备批改作业，刚翻开第一本，就发现里面夹着一封短笺，上面写道："曹老师，您好！冒昧地给您提个意见，您每次在课堂上向我提问时，不是喊'第三排穿红衣服的同学回答'，就是喊'王小蕾的同桌回答'，从来没有叫过我的名字。您是不记得我的名字，还是根本就不屑叫我的名字？您的学生潘丽。"读了这封短笺，我脸上变得热辣辣的。

实事求是地说，这几年，随着年龄的增长，我已经不再刻意去记班里学生的名字了，除了那些学习比较突出和比较调皮的学生，我能够做到人与名字对上号以外，那些平时不显山不露水的中等生的名字，我真的大多都记不住。就是这个"胆敢"给我提意见的潘丽，在我的脑海中也没有多少印象。在课堂上提问的时候，我多是让"第几列第几个同学回答"，关注的焦点也是学生回答的结果，而不是他们的表情和心理感受，我并没有感觉这样做有什么不妥。

潘丽的短笺让我惭愧，也让我反思，这些年我的课堂越来越沉闷，与记不住学生的名字是有一定关系的。我终于明白：准确地喊出每个学生的名字，是让学生对老师产生好感的最简单、最直接的办法之一，因为每个人对自己的名字最感兴趣，老师响亮地喊出学生的名字会让学生感觉到自己在老师心目中的地位很重要。于是，我拿出一整天的时间，对照着学生登记表，把全班54个同学的名字牢牢地记在了心里，并对每个学生的个性特点作了比较详细的了解。

再上课的时候，我面带微笑响亮地点了名，并对每个学生的特点做了简短的点评。当看到每个被我点评到的学生都把眼睛睁得大大的，脸上写满了自信，我感觉自己又找回初登讲台时的豪情了。

这位教师能够反思自己的过失，并且及时做出了弥补。可是，现实的教育生活中我们还有多少老师仍然积习不改，放弃这一给予学生尊重，更让学生对你产生尊重的机会呢？卡耐基说："多数人不记得姓名，只因为他们没有花必要的功夫与精力把姓名牢记在心。他们给自己找借口：他们太忙。但他们大概不会比罗斯福更忙，罗斯福甚至对所接触的汽车机械师的名字也用功夫去追想。"

所以，想要成为一位受学生尊重和喜爱的老师，请大声叫出学生的名字吧。

学会倾听学生的讲话

对于教育本身而言，最高的境界莫过于"润物无声"，而"学会倾听学生的讲话"就是一种良好的教育习惯和高雅的教育姿态。俯下身子，静静地听学生倾诉，或颔首微笑，或会心赞同，这是多么美好的一幅画面。

我从这条教益中收获甚多，不过是在经历过无数次因自己的武断和急切导致的尴尬之后才明白这个道理的。记得有一次，班上一个女同学在课堂之上顶撞老师，这还得了！我不得不承认当时自己真的太冲动了，我把这个学生叫到了办公室，劈头盖脸就是一通斥责，学生脸涨得通红，想说什么，但是我没有给她诉说的机会。我训斥完了，又要她叫家长来，这时候学生才怯怯地说了一句："老师，我妈来不了，因为我外婆昨天去世了……"我顿时感到自己的无情与可恶，要是能先听这孩子说说事情经过，也许这样的错误就不会发生了。

教育工作是心与心的互相沟通，只有能够走进学生内心的老师才是真正的受学生喜爱的老师，而善于倾听学生心声的老师才能有机会走进学生的世界，才能完成对学生的引导。所以卡耐基说："如果你希望成为一个善于谈话的人，那就首先做一个注意倾听他人的人。"

让我们怀着敬意来阅读下面一则教育故事吧。

我想听你把话说完
黄雅芸

会场很大，灯光照亮了舞台。现今很多公开展示的教学活动，不得不从教室搬到这里。

"嘟——"不很张扬却清晰入耳的长声哨响。

正站着发言的学生一愣。

她亦微微一怔，随即微笑地对孩子说："不要紧，你继续说。"

孩子捡起被哨声打落在地的思路，继续往下说。

现场很静，听得到秒针嘀嗒的声音。

这是一次省级小学教师学科素养选拔赛，项目很多，从朗诵、写字、个人才艺到综合答题，一环一环地进入现在的课堂教学。当然，课堂教学占总分的比值最大，达60%。赛前预备会上发的《比赛规则》明确指出：必须听哨下课，哨声一响，意味着扣分开始；二次哨响，加倍扣分。她在这条规则下用红笔画了两条深红色的波浪线，旁边还打了个大大的红五角星。赛前有专家感叹，这样高手云集的大赛，竞争激烈到分数靠小数点后两位数来排次序，说"差之毫厘，失之千里"，一点也不过分。

就在课前一个小时，她还在细细地阅读着这些扣分细则，并盘算着自己的分数目前排名第几，课堂教学要拿到多少分才有出线的把握。

哨声响时，这位腼腆的男生，正为概括课文内容认真思索并努力地组织语言。不难看出，他的思路如一群本就柔弱的鸟儿被一声哨音惊得一哄而散，他费劲地搜罗着散失的思维碎片，口中却只有"唔……嗯……呃……"老师微笑的眼神落在他额头渗出的细小汗珠上，微笑里便更多了一份抚慰："别着急，想清楚，接着说……"

孩子断断续续地说下去，说着说着，话语渐渐连贯起来。其实，概括课文不必也不应该那样细致描述的，但他的思路正变得清晰，表述开始流利，老师不忍心打断这样的进步，同学们也都沉静地听着。

眼看他就要说清了，两声急促的哨音尖厉地刺穿了整个会场的平静。哨音再次让他愣住。

这回，她有些恼了，径直走到孩子桌前，正视着孩子为难的目光，斩钉截铁地说："别管它！继续说，我想听你把话说完。"她的语气难掩情绪的些许起伏，她努力克制着，平静而坦然，专注地倾听这个孩子说完他的最后几句话。

下课了，她回到选手座位席坐下，身边相熟的老师凑过来说："太可惜了，这次因超时你要吃大亏了！"她轻轻扭过头去，自言自语地说："这种时候，没得选的。"

她有得选吗？面对孩子清澈的眼眸叫"停"？仅仅为了遵循那个所谓的"游戏规则"？

那几十秒钟，她只看到学生额上沁出的细密汗珠，只看到他心底张皇的犹豫；那几十秒钟，她只想让他安心把话说完，仅此而已。

是龙应台说过的吗，孩子，你慢慢来。

今天，一个孩子慢慢地把话说完；将来，有一天，当他的发言准确简练，既精彩又睿智的时候，他会不会偶然记起，曾经有个教师微笑着鼓励他"别着急，想清楚，接着说……"？

她只觉得，自己做了教师该做的事。

不远的话筒里传来一串嵌满数字的声音：去掉一个最高分，去掉一个最低分，平均分……扣去超时分，最终得分……

不知怎的，这些声音，离她很远。她的心里很安静。

这就是能够抵达心灵的教育，让学生把话说完，让倾听成为我们每位教师的习惯，让教育从此从容一点、豁达一点、温和一点，因为之于心灵的成长来说，分数、名次、荣誉等都不是最重要的。我相信只有教师那真诚倾听学生讲话的眼神才会在学生的心灵之中成为永恒。

让每个学生知道他们很重要

特级教师李镇西有一个非常重要的教育理念——"让别人因为你的存在而更幸福"。李镇西将这一理念传递给他的每一届学生，凡是受过这一理念熏染的学生都在以后的人生中收获着幸福，成就他人的同时也实现了自我的价值追求。我想我们每位老师都应该有这样的思想与情怀，让学生懂得自己的重要，懂得为他人的幸福而存在。

让学生懂得自己很重要，这就是交给学生以自信、自立、自强的人格，不歧视任何学生，不打击任何学生，不伤害任何学生，让学生不断获得肯定，树立自信，成就完美健康的心灵。虽然这不容易做到，但是从教育人的角度来说，作为教师的我们又责无旁贷，必须做到。

卡耐基从人际交往的角度深刻地论述了"让他人感到自己重要"的意义，他说："人类行为有一个极为重要的法则，这一法则就是时时让别人感到重要。如果我们遵从这一法则，大概不会惹来什么麻烦，而且可以得到许多友谊和永恒的快乐。但是我们破坏了这个法则，就难免招致麻烦。"所以卡耐基让我们运用这一法则，去赢得别人的喜爱。对于教师来说，我们最大的交际群体就是我们的学生，与学生打交道是我们的工作。尽管我们的交际对象很单纯可爱，但是也同样需要我们懂得在与学生的交际中赢得学生的心，帮助学生成长为拥有自我健全人格的人。根据卡耐基对这一法则的阐述，我们教师至少需要做到以下几点：

第一，多赞美学生，让学生在赞美中认识自己的价值。

卡耐基援引著名哲学家约翰·杜威的话："人类本质里最深层的驱动力就是希望具有重要性。"还有哈佛著名心理学家威廉·詹姆士说的，人类本质中最殷切的需求是"渴望得到他人的肯定"。就是这种需求使得人类有别于其他动物；也正是这种需求，产生了丰富的人类文化。我们的学生是正成长中的人，更需要不断得到别人的认可，不断寻求自己的定位，最终形成人格基础。教育的经验告诉我，经常生活在批评中的孩子怯懦、自卑、封闭，长此以往，还会出现人格扭曲。所以，赞美学生是我们教师的基本行为要求，正如一位特级教师说的："在孩子面前，我的大拇指总是跷着的。"

第二，重视学生，任何一个学生都有被重视的理由。

我想这对于教师来说是一种挑战，我深有体会。经常被学生逼到发狂时，我告诉自己："我要放弃他了，他不是一个值得我为之付出的学生。"但是无数次我还是说服了自己。卡耐基说："无论什么样的人，无论有多大成就，他依然需要被重视，仍然希望得到别人的认可与肯定。"何况是一个从身体到心灵都正在成长中的孩子呢？找到一个重视学生的理由，然后对他给予肯定，并且这种情感是真诚的，这是我们培养学生健全人格的又一重要方面。

第三，多去做，少夸耀自己，让学生觉得他们的老师不是只会吹牛皮。

在平时的教育生活中，我也喜欢跟学生分享自己的"辉煌经历"，但这样的时候并不是很多，因为我觉得当我过多地夸耀自己的时候，学生就会以想象中的形象代替眼前的这个人，从而会对老师寄予更高的期望，这时候失望总是难免的。正如卡耐基说的："现实生活中有些人之所以会出现交际障碍，就是因为他们不懂得或者忘记了一个重要的原则——让他人感到自己重要。"

教师要多站在学生的立场上思考教育问题，而不仅仅是以自我为中心，否则本末倒置，最后可能将师生关系搞得非常尴尬。有时候我们对学生的埋怨就是来源于以自我为中心的比较，所以，经常有老师埋怨："我们那时候怎么会这样……""现在的学生怎么这样啊？"教师工作的挑战在于要不断适应新的学生，不断更新自己，不能永远停留在最理想的教育幻想中。所以，站在学生的立场上思考问题，看待教育事件，也许很多问题就会有更好的处理方法。例如笔者在处理学生"早恋"事情时，总是不急于"棒打鸳鸯"，总是想要是我处在这样的年龄，我会怎样？自己在学生时代不也有过对女生的朦胧爱慕吗？这样一想，处理该类问题就能更客观，更容易找到切入口。所以教师同仁们不妨记住这句话："你又不是鱼，你怎么知道鱼的忧伤？"

读《人性的弱点》跟卡耐基学做老师（之三）

——如何与学生更好地沟通

称赞并欣赏学生

也许称赞并欣赏学生这一点并不能得到所有教师同仁的认同，与学生沟通的方式千千万万，并且因人而异，不能一概而论，教育从来都是对个体生命的负责，是必须讲究因材施教的。但是我们试着从卡耐基的论述中获得一些与人沟通的共同规则，来辅佐我们的教育生活。卡耐基说："当我们听到他人对自己的优点的称赞以后，再去听一些不愉快的话，自然觉得好受一些。"柯立芝总统执政的时候，一次对一位女秘书说："你今早穿的衣服很好看，你是一个非常漂亮的女孩。"受宠若惊的女秘书面红耳赤，不知所措，柯立芝于是说道："不要难为情，我说这些话只是为了让你觉得好过一些。从现在起，我希望你多注意一下你的缺点……"

这是很好的沟通方式，我们不能总是以呵斥的方式与学生沟通，更不能总是以"你在……方面是很不错的，但是……"句式开启对学生的批评，这样的沟通方式效果的确有限。

所以，我们不妨来试试从以下几个方面实践这一条原则：

第一，抓住性格软肋，从称赞开始。

陈思浩是一名高二的学生，总是逃课，屡教不改。升入高三，班主任换成了李老师，自知无法考上大学的陈思浩更是变本加厉，经常逃课。李老师对陈思浩的情况早有耳闻，但他没有找陈思浩谈话，而是花很长一段时间观察陈的性格特点，发现这个学生特别重视友情，讲义气。于是在一次班级体育课后，他把满头大汗的陈思浩叫到球场的草坪，席地而坐，和陈思浩展开了一次谈话。

李老师：思浩，你的球打得非常好啊！

陈思浩：那是。

李老师：但是你有没有想过，假如球场上就你一个人，那打球还有意思吗？

陈思浩：老师，您什么意思？

李老师：你看，你就读的学校是省重点中学，就是说你身边的每一个人都是一个好球员。你整天不坐在教室里，跟同学接触的时间就比较少，而这些同学将来都会成为各条战线上的优秀"球员"。你不和同学接触，就搞不好同学关系；搞不好关系，就失去了交这么多优秀朋友并向他们学习的机会，也就失去了很多对你自己将来有帮助的人力资源，你就打不好这场球。你说是不是？没有好的队友你自己的球技再高也是没用的。

陈思浩：……

后来，李老师发现陈思浩在教室里的时间多了起来，跟同学之间的交往也融洽起来，上课开始听讲了，成绩慢慢有了起色。

在这里，陈思浩显然对老师的教育已经怀有本能的抗拒，李老师没有直接对陈思浩做正面的思想教育，而是通过观察，抓住了陈思浩讲义气、爱交朋友这一性格特点，在适当的情境下（打球结束，心情放松），以打球作比，旁敲侧击，击中了陈思浩的软肋，让他从另外一个角度认识到坐在教室里的好处——可以积累对自己有好处的资源，从而调动了其自我改变的积极性。

第二，抓住兴趣爱好软肋，从认同开始。

孟明沉迷于武侠小说，上课经常偷偷看武侠小说。语文老师张老师了解到孟明的这个兴趣爱好后，主动找孟明谈话：

张老师：孟明，我想和你商量个事儿。

孟明：老师，什么事？

张老师：我知道你喜欢看武侠小说，老师也很喜欢看，而且老师认为看武侠小说对语文学习是很有好处的。这样吧，每节课我给你 20 分钟看武侠，但是你必须保证其余 25 分钟是在听课，时间到了，我就提醒你开始看小说，我绝对不干涉你，你看怎么样？

孟明：……

张老师：我说到做到，咱们君子协定！

以后，张老师上课的时候，每到只剩下 20 分钟的时候，就当着全班同学说："孟明同学看小说的时间到了！"全班同学都会心一笑，这样，孟明反而不好意思看小说了，渐渐地，他看武侠小说的瘾也戒了，学习开始认真起来。

张老师抓住孟明爱看武侠小说的特点，主动给其一定的空间，实际是为其设置了一个"套子"，让其从自我的尴尬中自省，在不知不觉中戒除了看武侠小说的瘾。

第三，抓住情感软肋，从欣赏开始。

人都是情感动物，学生正处于情感和认知的成长时期，真正"动之以情"的"情"十分重要。

黄仁是一个什么都满不在乎的学生，平时也很懒散，学习不主动，回家喜欢跟父母吵架。有一次他跟妈妈大吵一架，他的妈妈找到班主任吴老师，请求帮助。吴老师就在晚自习时找到黄仁，黄仁摆出一副"死猪不怕开水烫"的样子，吴老师知道这时候说教很难奏效，于是拖把椅子让黄仁坐在自己对面，然后说："黄仁，老师今天不批评你，只给你讲一个故事，希望你能把它听完，好吗？"黄仁未置可否地点点头。吴老师就开始讲自己与母亲的故事，原来吴老师因为忙于工作和事业，一直没有及时行孝，直到母亲病逝。吴老师娓娓道来，说到动情处，哽咽着垂下泪来，最后吴老师说："以后的日子里，我总觉得要是每天醒来能够叫上一声妈妈该是一件多么幸福的事啊！"吴老师讲完故事，没有说话，沉默了很久，然后挥挥手说："你回去吧，谢谢你听完老师的故事。"

第二天，吴老师就接到了黄仁妈妈的电话，电话里她欣喜地说，黄仁长这么大第一次给她道歉……

吴老师以亲身经历动情地讲述了不及时行孝给自己带来的人生遗憾，击中了黄仁的情感软肋，从而让他认识到自己拥有父母的爱是多么幸福，思想上开始了转化。

所以教师在与学生的沟通中，要善于抓住学生的软肋，从真诚地称赞并欣赏学生开始，用语言激发学生内在情感，这样才能获得学生的认同感，让语言的力量更加强大，真正起到"治病救人"的功效。

给学生留足面子

老师与学生发生争执是我们教育生活中经常发生的现象，也是十分令人遗憾的事情。对于教师来说，师道尊严，颜面无存；对于学生来说，忤逆师长，于事无补。

综观这类事件的起因，师生沟通缺乏基本的技巧是引发矛盾的重要原因，而其中重要的一条就是师生都没有给对方留足面子。"面子"这个词在中国文化里是十分耐人寻味的，面子现象是影响中国人交往行为的常见心理现象，对其概念的界定在学术界尚未达成共识。回顾已有的对面子的定义，大致可以分为两类：一类定义侧重面子的心理学意义，从而将其看作个人心理内部的一种自我意象；另一类定义侧重面子的社会学价值，将其看作一种尊严或地位的象征。这两类定义分别从两个角度探讨了面子的实质与内涵，往简单点说其实就是尊严感，师生在沟通中要彼此给对方尊严感。卡耐基说："我们常喜欢摆架子、我行我素、挑剔、恫吓、在众人面前指责孩子或雇员，而没有多考虑几分钟，讲几句关心的话，为他人设身处地想一下，要是这样就可以缓和许多不愉快的场面 。"

笔者曾经见到这样的一个案例：学生上课玩手机，被老师发现。老师要学生交出来，学生不交；老师问，你交不交？学生顶牛，不交。老师觉得面子上下不去，就和学生去抢，于是课堂马上乱成一锅粥，老师也斯文扫地。

在与学生沟通的过程中，教师要切记一条原则：给足学生面子。如果遇到以上情况，教师不必太过较真，大可以先放下，暂时给学生台阶下，下课之后单独找这个学生沟通。笔者有很多次这样的经历，课后找到学生，往往还没开口，学生就把手机交上来了，都给彼此一个台阶下，就可以避免尴尬的结果。时下的学生多是独生子女，在家父母娇惯和宠爱过多，养成太过自我的习性。教师在与学生沟通的过程中务必学会"给对方留足面子"，然后调整好情绪和谈话的策略，再找学生谈，效果会很好。

"纵使别人犯错，而我们是对的，如果没有为别人保留面子，就会毁了一个人。"这绝对不是危言耸听，有人曾经撰文指出，"面子是人际关系的调节器，人际互动中，双方爱面子的程度、给不给面子或面子是否给足，往往是人际和谐与否的重要条件，直接关系到人际关系发展的方向和程度。如果在人际交往中一方不给对方面子，会影响人际互动双方关系亲密的程度，严重的甚至会造成双方关系破裂。中国人的这种爱面子的心理，使中国人在社会交往中总是以对方给不给自己面子和给自己多少面子来判断对方对自己的接纳程度，并对彼此的关系进行认知和评价"。

　　作为教师，我们的一言一行关系学生心灵的成长，所以务必谨慎，不能随意伤害学生的自尊心，在我们无法控制自己的愤怒与无奈时，也要多思考几分钟，避免与学生发生冲突、争执。不要轻易对学生施以语言或精神上的暴力。要知道给学生留足面子，既是解放学生，也是我们寻求自我解放。"不要将学生逼至墙角"，保护学生的自尊心正是成就学生心灵成长的途径之一。给足对方面子，让师生都尽量在一种和谐的环境中寻求沟通效果的最大化，让教育真正惠及学生的心灵。

浅析 "悖论原理"
对创建高效语文课堂的启示

"高效课堂"是时下我国基础教育教学改革的关键词，围绕高效课堂、高效教学的各种新理念、新模式层出不穷，但是笔者以为，任何理念或者模式都不能脱离教育教学的本质规律，都需要怀有一种朴素的教育追求，即让学生易学、乐学、好学，学有所获，进而在师生的交流与沟通、合作与互动中实现智慧的启发、创造力的点燃、能力的拓展和灵魂的升华。美国教育家帕克·帕尔默在其著作《教学勇气》中提出的"悖论原理"对创建高效课堂有重要指导作用。他指出，"悖论原理不仅对自我的复杂性以及自我潜能具有指导意义，而且，在考虑课堂动态的过程中，在把握课堂教学环节的教学空间设计中，悖论原理都起着指导作用"。其"悖论原理"主要包括以下六点内容：1. 教与学的空间应该既是有界限又是开放的；2. 教与学的空间应该既令人愉快又有紧张的氛围；3. 教与学的空间应该既鼓励个人表达意见，也欢迎团体的意见；4. 教与学的空间应该既尊重学生们琐碎的"小故事"，也重视关乎传统与原则的"大故事"；5. 教与学的空间应该支持独处并用集体的智慧做充分的支撑；6. 教与学的空间是沉默和争论并存的。

在语文高效课堂的设计过程中，帕克·帕尔默的理论具有重要的方法论意义，可以帮助我们理清语文课堂实现高效性的几组重要关系，从而提升教学设计的科学性和有效性。

首先，高效课堂的教学设计必须收得住、放得开，实现"收放自如"。

在日常的教育教学中，作为教师，我们经常有这样一种纠结的感受，即既担心自己的课堂让学生放不开，课堂气氛不够热烈，不能将学生的思维引向深入，又担心学生放得太开，信马由缰，让课堂变成跑马场，最终不能完成教学预期。帕克·帕尔默指出："在这个界限内，学生们可以畅所欲言，但是他们的发言总是被老师及相关资料引向主题，那些资料必须是清晰的，激发学生兴趣的和有强烈吸引力的，以至于学生们很难游离开主题——即使这些资料使学生们感到混乱、恐惧以至于想逃避的时候也是这样。"这就要求语文教师必须对所要教学的文本进行深入的研读，并且对占有的资料进行精心的整合，所要设计的教学环节和教学问题必须建立在学生立场上，不能仅仅考虑"我要教什么"，还要思考"学生希望知道什么""学生怎样才能在整个教学过程中保持一种探索与发现的惊喜"。

笔者在教学实践中发现，运用多元呈现的方式可以较好地实现这一维度的把握。例如在教学巴金先生《小狗包弟》一文时，我是这样进行课堂教学设计的：第一个环节，请学生阅读课文思考，作者为什么对一只小狗念念不忘？（呈现给学生的只是平面的文本和有限的背景资料。）然后讨论，这时候学生的思维活跃，但是分析比较肤浅。第二个环节，出示"文革"时期的资料照片、文字解说、当年的报纸报道等，让学生再次就"作者为什么那么不舍却仍然将小狗送走"进行深入思考。这次学生讨论异常活跃，能够逐渐深入作者的情感世界中理解作者当时无可奈何的处境，并且形成了对文本所反映的时代主题的初步认识。第三个环节，播放回忆"文革"历史经过的视频纪录短片，让学生再次回到文本去思考，作者为什么仅仅写一只小狗。（深入到文本主题的探讨。）这次学生对问题的认知明显提升，对文本有了全新的阅读体验，并且伴随着深沉的历史思考。整个教学过程多元呈现教师手中的资料，学生始终围绕主题展开思考与讨论，收放自如，达到了很好的教学效果。

其次，高效课堂的教学氛围必须既轻松又紧张，实现"松紧适宜"。

在大班授课制的现实背景下，教学氛围的掌握对于教师来说是一个很大的挑战，教师必须重视自己的课堂生成，既保证学生在整个学习过程中是积极投入的，又要让学生不至于因为过于紧张而造成思维的阻塞或在参与课堂活动中产生挫败感。因此在高效课堂的构建中，教师必须注意两点。1.教学设计要具有层次性，难易要体现梯度。这样就能保证学生在参与中保持思维的投入，激发学生热情，保持自信。例如特级教师窦桂梅老师在教学《皇帝的新装》时就充分体现了这一思想，将教材问题整合为：（1）为什么大家不敢说出皇帝没有穿衣服，而小孩敢？（2）皇帝知道自己没穿衣服，为什么还要继续走完游行大典？（3）所有人都没有看到皇帝的衣服，为什么除小孩外的人却说看到了，并且还说它有多么美丽？（4）课文第一段写皇帝特别喜爱新装目的是什么？这几个问题梯度分明，指向明确，照顾到了全体学生和课堂活动的开展。2.教师要重视课堂生成对学生思维的点燃，善于捕捉学生在教学活动中的闪光点，营造舒缓有度的课堂氛围，让每一个学生在课堂上都能感受到来自老师的肯定、同学的支持、自我的充实与进步。

第三，高效课堂的教学过程必须既有个性张扬又有团体表达，实现"个体与整体和谐"。

帕克·帕尔默为我们提供了一种可资借鉴的经验，具体操作方法大致为：学生思考预设问题—学生在小组内分享自己的想法—大组之间展开讨论—大组派代表展示最终观点。这样就既尊重了个人意见又保证了团体表达，实现了个体与整体的和谐。

在教学过程中，教师一定要重视学生的个性化表达，高效课堂的宗旨就是要培养学生的创新思维和实践能力，要鼓励富有自我意识的表达，教师不能仍囿于教参预设的"标准答案"中，让课堂成为一场"为教参圆谎"的表演。笔者在教学陆蠡的《囚绿记》时曾经就课文的主题思想组织学生展开讨论，共同探讨出了六种不同的主题思想，后集中整合为三种。1. 以常春藤来象征作家以至整个中华民族不畏强暴、追求光明的形象，从而表达自己渴求民族解放的执着的爱国主义情怀。2. 因为爱一样东西至于极点，便想把它牢牢占据，置于自己的控制之下，这是人类的共性，可爱而愚蠢。对那些有生命的东西来说，让它生活在最适合的环境，即是一种珍爱、挚爱。3. 借赞美常春藤"永不屈服于黑暗"的精神，颂扬忠贞不屈的民族气节，抒发自己忠于祖国的情怀；并借"有一天"重见常春藤的期望，祈祝沦亡的祖国河山早日获得解放。所有这些主题思想正体现了学生对课文的多元化解读，很好地培养了学生的创新思维和实践能力，同时也避免了部分学生思维的偏激和表达的草率。

第四，高效课堂教学过程应该既尊重学生自我情感认知，又重视集体价值观的引导，实现"个性与共情的统一"。

在高效课堂的建设中，我们经常有这样一种尴尬：教师的预设总是不能够激发学生的情感认知，也就是教师从课程教材规定的目标出发对学生进行引导时，由于学生的知识背景、生活阅历等极为有限，有时候教师自以为为学生奉上的是丰盛的精神大餐，但学生却总感到味同嚼蜡。例如笔者教学艾青名作《大堰河——我的保姆》一诗，在讲到大堰河的悲苦命运时，就有学生反问道："大堰河在地主家里劳动，人家不是给她工资了吗，怎么还要说她有多么可怜？"显然，学生们将大堰河的地位理解为现代平等的雇佣关系了，这才是他们所能感知的世界。帕克·帕尔默指出："当教育不把他们（学生）的生活当作知识的源泉时，他们怎能意识到他们讲述的生活故事的意义呢？"

因此，要实现课堂的高效，必须在教学中实现"个性与共情的统一"，要从学生的认知角度出发，从学生的生活体验出发，课堂要体现学生视野，在教师的引领下，教学要直抵学生的心灵生活。教师的角色不能再是宣教者，而要成为参与者、引领者，既注重对学生思想的引领，让学生通过学习感受到"思想拔节生长的快乐"，又要不偏离学生所能感知的领域，让课堂接地气，接近学生生活，贴近学生心灵。

第五，高效课堂学习过程应该既允许有安静的思考，又尊重心灵的交流，实现"心灵与头脑的协调"。

在课程改革过程中，各种模式一夜之间"千树万树梨花开"，令人眼花缭乱，但是纵观这些模式，交流研讨者多，沉默思考者少，展示表达者多，深入阅读者少，整个课堂显得纷纷扰扰，气氛非常热烈，似乎认为这样的课堂才是学生学习积极性被调动起来了，课堂就"高效"了。殊不知在某种程度上，这其实是违背教育规律的，试想我们的学生如果每堂课都这样"高效"，每天都这么"热烈"，有什么时间来阅读、来思考、来品味呢？难怪有的学生评价这种课堂说："课上头头是道，下课什么都不知道。"李镇西老师多年前就公开课崇尚热烈而提出了自己的意见："我从来不认为安安静静的公开课就不是好的公开课。"高效课堂的构建就是要尊重学习规律，给予学生学习过程中安静思考和阅读的空间，让学生感受到沉默带来的思想快乐。

当然，帕克·帕尔默也说："在大多数教育背景中，我们不能让学生在课堂上孤独地沉思。我们能做的是在我们围绕一个给定的命题逐渐形成一个集体的意见时，也尊重集体内部独处的心灵需要。""尊重我们学生心灵的孤独也意味着，当我听他们说话时，我得清楚我的问题把他们引进主题有多深的程度。有一些地方是人的心灵不想去的——至少是不想在众目睽睽之下。"当学生在表达的时候，学生不愿意表达的东西或者不适合表达的东西就不要一味强调表达。我们可以将表达方式多样化，如不适合朗读的就默读，不适合说的就写，不适合课上写的就课下写，等等。教师要创新课堂的呈现方式，给予学生更多自我思考的时间和空间。只有尊重学生心灵的课堂才能为学生的发展、思维的开拓、思想的蕴藉提供足够的空间，才能实现高效。

第六，高效课堂的学习过程应该允许既有沉默又有争论，实现"沉默与争论的结合"。

帕克·帕尔默说："在我打破沉默的那一刻，我阻止了所有真实学习的机会。当我的学生们知道我总是把自己的想法灌输给他们的时候，他们怎么会静心思考他们自己的想法呢？"高效课堂应该给予学生深入思考的时间，应该允许"沉默的大多数"的出现。教师要让学生对所学习的知识在冷静思考之后展开自由讨论，而不能只是将学生静心思考的过程视为"冷堂"或者作为一种课堂环节象征性地一带而过。对于有的知识而言，把整个课堂交给学生来思考、自主阅读、自由探索更为合适，更加高效，事实上并不是只有研讨和展示才是高效的，沉默也可以产生学习境界的升华。

在这样的基础上，课堂要将争论尽量建立在平等、和谐、热烈、有序的基础上，教师不是以知识权威的角色来评判学生的对错，而是作为一个争论的参与者、一个耐心的倾听者，在学生即将偏离轨道的时候水到渠成地将错误航向纠正过来，保证课堂在这样的无数思维的碰撞中一步步走向深入，走向完美。

"悖论原理"从各个维度深刻地启示我们在构建高效课堂时需要把握的六条原则，教师只有把握好这种"悖论张力"，才能引导学生在更深层次的学习上进行挑战，才能实现教与学的高效，让课堂不断趋向于理想的状态。

言语创造力
——中学语文核心素养的培养初探

　　2014 年 3 月，教育部下发《关于全面深化课程改革　落实立德树人根本任务的意见》（以下简称《意见》），指出我国目前课程改革存在的不足，其中重点是"重智轻德，单纯追求分数和升学率，学生的社会责任感、创新精神和实践能力较为薄弱"，文件要求"各级各类学校要从实际情况和学生特点出发，把核心素养和学业质量要求落实到各学科教学中"。因此，厘定学科中应当培养学生什么样的"核心素养"就成为当务之急。近年来，以 OECD（Organization for Economic Co-operation and Development，经济合作与发展组织，简称经合组织）为代表的国际性组织纷纷启动对"核心素养"的界定和遴选工作，在 OECD 看来，核心素养是一个动态发展的，整合了知识、技能、态度、情感与价值观的集合体概念。语文学科一直承载着"人文性"和"工具性"的双重使命，在育智和育德方面起着其他学科不可替代的作用。而中学阶段又是学生知识积累、能力提升及人生观和价值观形成的关键时期，中学语文学科应当培养学生怎样的"语文核心素养"，这对于学生生命发展具有重要意义。

一、言语创造力：中学语文的核心素养。

一直以来，中学语文素养的培养都以"听、说、读、写"能力占据主导地位，认为只要学生具备了"听、说、读、写"的能力就拥有了基本的语文素养，就是一个合格的语文学习者。即叶圣陶先生在《听说读写都重要》中所指出的："接受和发表，表现在口头是听（听人说）和说（自己说），表现在书面是读和写。在接受方面，听和读同样重要，在发表方面，说和写同样重要。所以，听、说、读、写四项缺一不可。"

《现代汉语词典》对"能力"的解释是"能胜任某项工作或任务的主观条件"，对素养的解释是"平日的修养"。很显然，具备了能力并不一定就拥有素养，能力是素养的基础，素养是能力的高级形式。随着时代的变迁，人们的能力观在逐渐发展，基于传统基础教育目标而发展起来的能力标准的局限性渐渐暴露，传统的知识与技能目标显然无法囊括新时代对学生学习结果的期待与要求。因此，基础的知识技能目标在各国的教育目标中逐渐发展成为"掌握核心内容、培养态度倾向、运用整合推理"或"知识、能力、态度情感三者的整合统一"。王红、吴颖民在《放慢知识的脚步，回到核心基础》一文中指出，传统的能力概念已经不再适用，无法代表新时期的教育目标，这也就进一步推动了"素养"概念的产生。为了把握住基础教育的"基础"这一根本，素养中的"关键素养""核心素养"得以强调和凸显。显然，我们已经从"知识核心时代""核心能力时代"走向了"核心素养时代"。

"核心素养"是"素养"中的"素养"，是"素养"的主要部分。关于语文素养，涉及的方面较多，教育部语文课程标准组组长巢宗祺先生在《关于语文课程性质与基本理念的对话（一）》一文中曾经做过这样的解释，"素养是指人通过长期的学习和实践（修习培养）在某一方面达到的高度，包括功用性和非功用性"，"课程标准所提的'语文素养'包括：字词句篇的积累，语感，思维品质，语文学习方法和习惯，识字写字、阅读、写作和口语交际能力，文化品位，审美情趣，知识视野，情感态度，思想观念。语文能力包含其中"。巢先生对语文素养的概括显然较为粗糙，尤其是其中"文化品位，审美情趣，知识视野，情感态度，思想观念"等非功用性的素养很是抽象，在实际的教学实践中缺乏操作性和评价的可能性，导致这些素养的培养在实际的教学中无法实现。

今天，中学语文的核心素养应该是指学生在中学阶段通过语文学习具备的适应终身发展和社会发展需要的必备品格和关键能力，突出强调个人修养、社会关爱、家国情怀，更加注重自主发展、合作参与、创新实践。从价值取向上看，它"反映了学生终身学习所必需的素养与国家、社会公认的价值观"。"与核心知识和核心能力相比，核心素养更具综合性，也更具稳定性、开放性与发展性"，在实际的教学中更具操作性和评价性。因此笔者认为，中学语文的核心素养应当是培养学生的言语创造力。

李海林先生在其著作《言语教学论》中对"言语"的界定是指语言运用。江西师范大学余应源先生的定义是：言语是个体运用民族语言的活动和结果。二者的定义共同点都倾向于语言的运用，那么言语创造力就是语言运用的创造力，称其为语文素养的"核心"是因为，它以语文知识为前提，以语文能力为基础，过程与方法体现为对学生语文思维和语感的培养，在此基础上形成学生的思想观念、人文情怀、审美情趣、情感态度、文化品位等语文素养，如图所示：

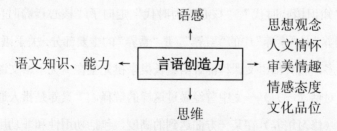

围绕言语创造力的培养，中学语文课堂就可以大大地"瘦身"，改变"知识主导型"的教育价值目标取向，从根本上打破"知识学得越多越好，知识

掌握得越扎实越好"的传统教学理念。从单一的知识学习目标走向多元的核心基础培育，从复杂而有深度的知识学习走向简洁够用的知识学习，从庞杂的知识体系中寻找最核心的知识架构，把那些对中学生发展而言不必要的、可能会干扰他们思维和能力发展的"垃圾知识"清除出去，让教科书"瘦身"，从注重知识积累的结果走向注重语文学习的过程，能力、语文思维的培养，语感的建立，语文素养的提升。换言之，通过净化知识，给学生腾出时间和空间，尤其是给学生腾出大脑的空间来发展其思维能力，腾出时间以便学生在应用中学习知识，在知识的应用中培养解决问题的能力，真正培养具有言语创造力的未来公民。只有具备了言语创造力，学生的语文能力才能上升为素养，否则一个听、说、读、写样样精通的人，也可能是一个毫无创造力、只会人云亦云的人。

二、中学语文教学中对言语创造力培养的策略

《意见》对学科教育提出的纲领性要求是：依据学生发展核心素养体系，进一步明确各学段、各学科具体的育人目标和任务，完善高校和中小学课程教学有关标准。要增强思想性，有机融入社会主义核心价值观的基本内容和要求，全面传承中华优秀传统文化，弘扬社会主义法治精神，充分体现民族特点，使学生树立远大理想、确立崇高追求，形成正确的世界观、人生观、价值观。要增强科学性，客观反映人类探索自然和社会发展的规律，确保课程内容严谨准确。要增强时代性，充分体现先进的教育思想和教育理念，根据社会发展新变化、科技进步新成果，及时更新教学内容。要增强适宜性，各学科的学习内容要符合学生不同发展阶段的年龄特征，紧密联系学生生活经验。要增强可操作性，进一步明确培养目标、教学内容，充实学业质量要求，对教学实施、考试评价提出具体建议。要增强整体性，强化各学段、相关学科纵向有效衔接和横向协调配合。

《意见》的要求对语文教学实践具有重要的指导意义，对言语创造力的

培养在中学语文教学中要突出以下几点：

第一，强化思辨能力的培养。思辨能力就是思考、辨析问题的能力。其在语文学习中的表现是学生在阅读理解文本的过程中，对问题能做出层次分明、条理清楚的分析和清楚准确、明白有力的说理。其特征有三：一是对人文性问题进行思辨得出的答案是多元的，具有较大的争议性；二是在思考辨析过程中，以辩护性解释和说服性论证为主要说理方式；三是思辨的最终目的是鉴别和选择一个最佳的价值理念和行动准则。

王红、吴颖民在《教育不能承受之"重"：追求知识的加速跑》一文中指出，中学语文教学长期在高考标准答案的阴影下苟延残喘，不敢越雷池一步，导致学生思辨能力极大萎缩，很多孩子经过高中的语文训练之后变得唯答案是从，思辨力的缺乏反映出的是孩子们心灵世界的荒芜和苍凉。

这样的教学是不会产生言语创造力的。因此在以培养学生的言语创造力为核心的语文教学中，教师要尽量寻找能够让学生进行深度思辨的"点"，也就是"核心知识"，在合作与探究中让学生学会质疑，学会辩证地看待问题。第一，设计富有思辨力的课堂提问，尽量以开放性问题代替封闭性问题。少提只需"是"或"否"就能回答的问题，多提"怎么样""为什么""你怎么看"的问题。如笔者在教学《雷雨》一文时就设计了一个核心问题：对于周朴园与鲁侍萍的爱情你怎么看？学生各抒己见，体现了很强的思辨氛围。第二，引导学生养成质疑的习惯。质疑是思辨能力最好的培养方式，要鼓励学生质疑，引导学生质疑，在质疑中激活课堂。笔者在教学《苏武传》一文时采用让学生为课文译文找错的方式，引导学生质疑教材，在深入的合作探究中师生为课文的译文进行了考析。（详见《〈苏武传〉中的几处译文考析》，《语文月刊》2012年第11期。）第三，整合资源进行课外深度阅读。整合课内外的资源，进行文本细读和深读也是培养学生思辨能力的有力手段，只有广阔的知识视野才能解放学生的思维。笔者在教学《我有一个梦想》一文时，就引进奥巴马 2008 年就职演说稿进行比较阅读，在拓展阅读中激发学生的思维能力。（详见《也谈用"教材教"——一堂比较阅读课的来龙去脉》，《中学语文》2015 年第 4 期。）第四，尽量以学理原则来设计课堂，少一点教学的随意性，增强课堂的理性成分。北京一〇一中学程翔老师认为，语文教学又属于教学与课程的范畴，必须体现教学论与课程论的原理和法则；激发学生兴趣；注重学生的参与、体验、内化与生成；善于引导、启发学生，教授方法和规律，促进学生思维品质的提升；充分体现课程的功能，教师是"用教材教"，不仅仅是"教教材"；教学的有效性主要表现在教师引导下的学生自主体验与内化生成。有学理的语文课才能培养思维理性精神，才能真正提升学生的思辨力。

第二，养护学生的想象力。想象力是每个人都具有的一种天赋的能力，但是它很脆弱，后天的呵护不善会造成想象力的流失。"创造离不开想象，在创造力的所有品质中，想象力是最可贵的，也最难以培养"，因此潘新和教授在其著作《语文：表现与存在》中指出，"在语文教育的智能培养中，没有什么比庇护、开发、发展学生的言语想象力更重要的事情了"。

在以培养学生的言语创造力为核心的中学语文课堂中，"言语创造一刻也离不开想象。语言文字和言语，既是想象的产物，又是想象的载体"，那么如何养护和发展学生的想象力呢？笔者以为，可以抓住"语感"这个核心，以培养学生的语感能力来拓展学生的想象力。王尚文先生在《语感论》中阐述了语感与想象的关系："想象从有无目的性来看，有随意想象和不随意想象；从内容的新颖程度来看，有再造想象和创造想象。和语感有关系最为密切的是不随意的再造想象，即在和言语对象接触过程中，不是根据自己的意象，而是不由自主地依照言语对象的描述构想出某种事物的形象，它已经不单纯是表象的复呈，而是表象经过调整、加工、重组之后出现的新形象。"在教学中，为了呵护好、发展好学生的想象力，教师要做到：首先，加强文本的细读。用言语的具体、形象、生动等特性来激发学生的想象力。比如笔者在教学李清照的《醉花阴》一词时，就与学生一同品鉴"人比黄花瘦"中的"瘦"之意境、"瘦"之形象、"瘦"之情感、"瘦"之意蕴等。其次，懂得课堂"留白"，给学生再创造的空间。如：利用故事或艺术，结合教学内容，要求学生对静物作动态的想象，变无声为有声的想象，对抽象作具体形象的想象，对无色事物作有色事物的想象，对个别事物作概括的想象。通过这一系列想象的形式训练，学生便能逐渐掌握静观默想、浮想联翩的本领。再次，尊重个体差异，呵护学生的想象之苗。"立足于个性差异，注意发现学生具有个性色彩的想象，以细心的培植和养护，鼓励和褒扬，使之得以健康地生长，切勿用一种模式去规范学生的想象。"

第三，融入"积极语用"的课堂行为。"积极语用"是语文教育的一种新理念、新趋势，指学生基于主体人格和独立思考，以理性评论、审美表达或多元言说等输出形式进行富有活力的语用行为。

近年来，高考作文改革开始呈现出这一特征，重点考查学生独立思考和运用所学知识分析问题、解决问题的能力，努力为学生提供一个展示智慧、放飞情思的"积极语用"的平台，出现了"探索话题＋开放材料＋自拟题目"这种去命题的作文考试形式。高考作文的转向，再一次说明言语创造力的培养已经成为语文教育改革的必然趋势。那么教师就要在教学中一改长期应试教育在语文学科中遗留下来的"消极语用"思维，不再要求学生统一认知、服从答案、"粘贴"思想。张扬学生的个性，让学生在课堂上经过独立思考，本着理性精神，想我之所想，说我之想说。联通学生的生活，将语文的外延不断扩大到真正的生活情境中去，激活学生的语文思维，用真语文去应对生活。鼓励学生自我表达，尊重学生对教学内容的认知，教师要引导学生通过在错误中的摸索寻求到真理，拓展学生的思考空间。在教学中避免单一性的雷同思维，使学生言语能力发展与心灵成长融为一体，尽量地创造情境，激发学生的思想力和表达力。只有这样，言语创造力才有了真正实现的可能。

第四，整合艺术与教学方法，培养发散性言语思维。现代脑科学的研究证明，发散性思维才是创造力的标志。哈佛教授 David Perkins 认为创造力是突破性思维或"非传统"思维，它包含了不同于一般问题解决的思维模式。周加仙在其著作《心智、脑与教育》中认为，脑科学的研究同时表明，"即兴表演与合作可能是培养学生创造力的强大工具"，"视觉和表演艺术为学生提供了表现新思维和新的学习模式的机会"。

在中学语文课堂中，培养言语创造力的课堂需要关注艺术与教学方法的整合，具体应该做到：第一，为言语学习设置情绪性氛围。在言语教学过程中，减少压力，创设积极的情绪氛围，确保学生在某一情绪水平上能完全投入到所学的内容之中，将视觉和表演艺术融入课程，调动学生的积极情绪，强化言语学习的创造力。尤其需要注意的是，当下的教学中我们习惯以考试思维来组织教学，这无形中会对学生造成心理压力，抑制学生的言语创造力发展。第二，设计学习体验，激活学生的言语创造力。要改变我们惯常序列化的课程计划模式，整合教材和课程资源，将单元内的一些活动联系起来，创设一些言语活动让学生去体验，如诗歌单元的教学可与对联教学整合，通过赛诗会、创作对联等活动来让学生体验文化之美，产生创造；演讲辞单元教学可与演讲活动结合，让学生会学会用，活学活用，懂通懂变。第三，为拓展和应用言语知识而教。学生的言语创造力只有在能够将知识应用于需要他们解决问题的任务时才会产生。所以在教学中设计问题情境，调动生活和社会资源，运用真实的情境，鼓励学生运用所学提出想法、定义多种问题解决方案、设计行动计划等，言语知识的运用意味着要求学生以一种更深刻、更具分析性的方法来验证概念，并以此拓宽思维，这个过程就是言语创造力的生成过程，如为某书法展设计邀请函、为长沙申报全国文明城市写倡议书、父亲节为家长写信等。

把握住言语创造力的语文核心素养，切实提升中学生的语文品质，培养创新性人才，这是时代对语文教育工作者的要求。而学生拥有了言语创造力，才能在未来的社会中做出开拓性的贡献，为人生幸福奠定基础。

从此不再孤单

　　"小里可以见大,平中可以出奇。把小事做深、做精、做到极致,就是大事",这是"陶行知式"的教育家杨瑞清的一句话,也是我读完《一生用来做教师——20位当代教育名家的故事》一书之后留下印象最深刻的一句话。教师,是在浮华与躁动中坚守心灵纯粹的一个群体,而种种诱惑与不安中我们需要不断寻找存在的价值和不断追索生命的意义,为自己的事业寻求信念之源。读完20位中国教育家的行走历程,激动、感动、冲动、热情、信念、追求、梦想……各种词汇交织在我的脑海中,我找不到一个恰当的词来概括我的阅读感受。但是当我将20位前辈的故事用文字开始梳理的时候,我忽然明白了,其实他们之所以在教育的园地里躬耕勤苦,怡然自得,硕果累累,只是因为热爱。

　　是的,在红旗下长大的我们从小熟悉"热爱"这个词,我们是在"热爱党、热爱人民、热爱社会主义"的训导中成长起来的,可是其实我直到读完这本书的那刻才真正明白了"热爱"的含义——一种朴素单纯的没有理由的无关宏旨的却足以支撑他们一生的情感。斯霞(小学教育界的"梅兰芳")、吕型伟(被誉为"教育活化石"的改革家)、霍懋征(从教60年从来没有丢下一个学生的老师)、于漪(中国教师的偶像)、钱梦龙(提出"三主四式"教学观的特级教师)、李吉林(情境教育之母)、孙维刚(充满传奇色彩的数学老师)、魏书生(传奇教师)、吴非("不跪着教书"的老师)、李镇西(中国"苏霍姆林斯基式"的教师)、李希贵("让教育自由呼吸"的改革家)、顾明远(当代教育界的"大哥大")、叶澜("新基础教育"的发起人)、朱永新("新教育实验"的发起人)、杨东平(走向公共生活的教育学者)、钱理群("好为人师"的大学教授)、刘道玉(武汉大学的"蔡元培")、杨福家(执掌英国名校的中国学者)、俞敏洪(中国的"留学教父")、杨瑞清("陶行知式"的乡村教育家),是这些人支撑起了中国教育的巍巍大厦,他们是先行者,是引领人,是改革家,是思想者,是实践家……

　　他们都是教师,用一颗爱孩子、爱教育、爱国家的心,富有智慧地开展着工作。斯霞、霍懋征、李镇西,将教育的爱诠释到极致,表现到极致。教育从来都是爱的事业,但教育又不仅仅是爱的事业。斯霞的爱是这样的:"作为一名教师,不仅要掌握知识,更要有童心、有母爱。与孩子打成一片,这叫有童心;把孩子当成自己的孩子一样看待,这叫对学生的母爱。"她有一个原则,只要小学生参加的会,都不得超过一个半小时,不管台上是什么领导人在讲话,只要超时了,她都会走上台去,请领导别讲了,她觉得保护小学生的健康比领导人讲话更重要。霍懋征的爱是这样的:从教 60 年,她从未丢下过一个孩子,她认为,"没有教不好的孩子","教育教育,为育而教,不是为教而育"。更让人钦佩的是,在"文革"中,她的小儿子被"联动"的学生活活扎死在家中,她都没有失去对学生的信心、对孩子的爱,其爱如天,仁心如山。李镇西的爱是这样的:他曾经不止一次地说,教育是智慧的爱,"不是我爱学生,而是学生爱我。学生都是爱老师的,关键是老师能否感知学生的爱"。所以,他认为教育只有爱是不够的,还需要民主,他成了推行民主教育和公民精神教育的真正实践者。

　　他们是中国万千教师中的一员，但是我们不能仅仅认为他们是普通的教师，他们是思想者、改革家。在中国做教育，从来都不是一帆风顺的，在刚性的政治体系中，教育本身的温和本质与之格格不入，于是时代呼唤清醒的教育者，呼唤思想家，呼唤能够披荆斩棘的改革家。于漪、钱梦龙、李吉林、吴非、魏书生都是思想家，是卓越的教师，他们怀着赤子般的情怀，沉思着，寻找着教育真正的出路，探索出适合本国水土的教育之路，无论未来的教育如何发展，他们的思想都将在中国的教育史上永远闪耀光芒。李希贵、顾明远、朱永新、刘道玉、杨瑞清更是改革家。记得之前读李希贵的《学生第二》，我为他富有穿透力的教育认知、具有创造性的管理智慧深深折服，他管理的北京十一中学是我梦想中的教育"乌托邦"。如今作为国家级督学的李希贵经常活跃在各大报纸杂志，时不时表达出他对教育新的体悟，每次总有灼见。他是一个永远充满活力和思想战斗力的改革家，中国需要这样的改革者。朱永新的《新教育》让我第一次感到教育的美好，他是一位学者，又是一位官员，在学者与官员之间游走，他关注更多的是教育，提倡过一种幸福完整的教育生活，这是对教育终极意义进行的追索，也是对当下畸形教育提出的疗治方法。我曾经在自己的随笔中写过，"我带下一届学生的时候，我一定要循着新教育的路子走"，因为我觉得这是教育真正的涅槃之途。

　　爱、思想、智慧、改革、实践……我的眼前闪耀着前辈们的精神，这些精神成了我要寻找的教育信念，成为指引我在漫漫长夜中前行的明灯。我只是一名微不足道的青年教师，我有很多烦琐的工作要做，有很多作业要批改，有很重的教学任务要完成……可是合上《一生用来做教师——20位当代教育名家的故事》，我从此不再孤单！

成就 生命

　　生活最好的状态是释然自在；人生最大的幸福是生命的顿悟；生命最美的抵达是心灵的宁静。教育的最大福报就是开启师生的心门，让大家观照生活，思考生命，最终能够证悟生命，走向永恒。

教师自杀折射出什么

2012 年 4 月 27 日，河北馆陶县第一中学，未满 30 岁的高三年级班主任赵鹏服毒自杀。他留下遗书称，活着太累，每天无休止的上班让人窒息，工资只能月光，决定自杀离世。

2013 年 3 月，三亚民族中学一黄姓女老师在毫无征兆的情况下被发现在宿舍内自缢身亡，她留下遗书称受到学生的恐吓和威胁，而且称"学校故意安排我做那么多活，我都累垮了"，家属由此认定该女老师之死和校方给其太大压力有关。

这些文字总是让人觉得沉重，但是我知道，对于一个生命的逝去，文字显得万分苍白。教师这份职业在现今时代逐渐褪下了它神圣而光辉的外衣，教师群体也逐渐失去了温文尔雅、循循善诱的长者形象，成了高要求、高风险、高压力的"新三高"人群。应试体制下的中国教育，让教师们很难从容地传道授业解惑；日益浮躁的外部社会环境，让教师们很难安放一张安静的书桌。黄姓女老师在遗书中称受到学生的恐吓和威胁，这种恐吓和威胁是对师道尊严的一种彻底颠覆。在今天知识爆炸的时代里，教育精神却在体制的囚笼中过早地死去了。对于无知无畏无理无教的孩子，传统的以束缚与顺从为核心的教育模式显得脆弱不堪，教师作为教育制度的执行者，受到威胁恐吓以致遭受人身攻击都是不足为奇的，这是一代人对待不合理体制的一种反抗，教师不过是体制的替罪羊而已。

曾经和一位在生源质量不好的学校任职的教师沟通，谈起学生的调皮和无理，这位老教师苦涩地调侃：你要多赏识学生啊，他上课睡觉不打呼噜那是要表扬的啊；他做作业是自己抄的而不是请别人替他抄的，那你也要表扬啊；他考试时在试卷上写了名字交上来而不是一把撕掉，你也要表扬啊……

当了班主任才知道，这位教师的话虽是调侃，但都是大实话啊。其实教师的压力不是来自清贫，而是来自高强度的工作与超低廉的精神报酬之间的极大悬差。当我们做着一件让自己感到无比幸福，让自己的人生价值能够得到最大体现，让自己每一天都充溢在幸福之中的事业时，物质的相对贫瘠是可以克服的。但如果教师感受不到育人的快乐，相反却承受着痛苦和煎熬，那么一个身心疲惫歇斯底里心思冷漠的教师如何培养灵魂丰富的人才？一个连自己都不知人生何所皈依的教师如何指导学生找到人生幸福的彼岸？

与此相比，我更怀念《弟子规》的时代，我更怀念"浴乎沂，风乎舞雩，咏而归"的时代，我更怀念"小国寡民，使有什伯之器而不用，使民重死而不远徙，虽有舟舆，无所乘之；虽有甲兵，无所陈之……民至老死不相往来"的时代。

高科技的发达和人文精神匮乏相存于一世的时代，教育理应发挥回归和复兴的伟大使命，让人心归向纯净和积极，让科技在人文精神的滋养下为全人类的幸福服务。如果我们依然用一张考卷指挥着全部的教育，那这种教育究竟还能走多远？长此以往，教师只能跪下来舔舐着自己的血迹前行了，因为我们培养不出灵魂卓越的人才，而更多的可能是刽子手。

谁该为"虐童"事件负责

　　2012 年 10 月 24 日，浙江省温岭市城西街道蓝孔雀幼儿园发生一起教师虐童事件。该校教师颜艳红"为了好玩"，竟强行揪住一名幼童耳朵，将其生生拉离地面近 10 厘米，孩子号啕大哭，颜艳红却神情愉悦。经调查，涉事教师还经常用胶带封孩子的嘴，把孩子倒着丢进垃圾桶，让孩子下跪，让男女同学亲吻等来惩罚不听话的孩子。

　　看着一个个纯真可爱的孩子被幼儿园老师或殴打或体罚或采用其他手段进行"虐待"，真的感到无比心痛。孩子是上帝赐予我们的礼物，是最圣洁和美好的。孩子有着赤子的情怀，他们单纯无辜；孩子有着纯洁的心灵，他们真诚可爱；孩子更有着无比的希望，他们代表着国家的未来。每个人都是父母的孩子，而每个人又都是或终究是孩子的父母，任何对孩子进行的或肉体或精神的摧残都是不被允许的，都要受到社会、道德、良心的严厉谴责。

　　可是如今，对孩子"痛下黑手"的却是老师——辛勤的园丁、最可爱的人，这让我们情何以堪？

　　难道我们真的要加上一句：老师 = 刽子手？

　　这是一个多么可怕的推理！我知道我犯了以偏概全的错误，不合理的现象毕竟是少数。可是当我们不去追问这背后的原因时，不去反思这现象的深层本质时，当我们不反省时下的工作时，少数可能就不会永远是少数。

虐童事件，真正该道歉的是谁？

一、教育资源不足，导致幼儿教育机构参差不齐。

每年幼儿园开学的时候，我们总是看到各地公立幼儿园人满为患的情景。公立幼儿园学位无法满足需求，于是各种乌七八糟的灰色、黑色幼儿园应运而生，这些幼儿园就像地下加工厂，有市场就有商机，有商机就会铤而走险，谁都可以招呼几个人就办幼儿园，甚至有些地下幼儿园还能"合法生存"。为什么？不过是代偿了公共责任、弥补了公共供给短缺的窘境而已。

2012 年 6 月，教育部发布《依法治校——建立现代学校制度实施纲要（征求意见稿）》，明确指出，"依法治校是建设现代学校制度、构建新型政校关系的根本保证"。那么，怎么依法呢？如果合法幼儿园供给始终成为问题，幼师培养最后成了高等教育的"阑尾"，虐童事件还能终结吗？

政府难道不应该为这样的事件承担责任？

二、教师职业认同感较低，教师身心承受巨大压力。

教师是神圣的职业，是育人灵魂的职业，学前教育又是人一生接受教育的关键阶段，孩子如果在这个阶段接受了错误的价值观或受到了严重的心理创伤，可能影响其一生的成长。如此重要的职业，理论上应该有最好的老师、最好的待遇……但现实是，对大多数幼儿教师来说，他们这份神圣的工作看上去却像社会"底层"职业。

"中国网事"记者调查发现，除了少数公办幼儿园，多数幼儿教师都抱有"干几年就不想干了"的想法。所以有网友在评论虐童事件时说："这些虐童的老师确实可恨，但可恨之人也有可怜之处，想想这些年轻的女孩子每天要被孩子搞得心力交瘁，却又得不到相应的物质回报和社会认同。相比这些教师，更应该检讨的是整个社会。"

进公立幼儿园难于上青天，私立幼儿园又没编制、待遇低……这些现实问题直接导致幼教专业成为"没选择的选择"。

待遇低，任务重，责任大，这直接导致很多幼儿教师心理压力过大。再加上很多教师社会交往不多，社会支持系统不够完善，压力宣泄的渠道就不太畅通，这种情况下，他们有了压力，有了情绪，就可能造成对孩子的伤害。

难道我们的社会不该检讨？

三、教师准入制度不完善，导致教师队伍鱼龙混杂。

据报道，山东省教育厅在全省 17 个地市 194 所幼儿园的调查数据显示，53% 的幼儿教师没有取得教育部认可的教师资格证书，其中德州市取得教师资格证的幼儿教师比例为 0。数据还显示，甚至 17% 的幼儿园园长没有取得园长任职资格培训证书。这一方面说明学前教育的需求巨大，另一方面有关部门的作为缺失也很明显。

而教师准入制度的不完善就是政府作为缺失的主要体现。有专家表示，我国的教师准入标准审核只注重文凭、资格证书等"硬条件"，忽视一些从事该行业必备的"软素质"，同样是造成近年来虐童事件频发的主要原因。

虐童教师大多数并没有主观上的恶意，但事实上却发生了虐童行为，这意味着他们普遍存在心理素质差、无法控制个人情绪、易冲动、缺乏基本的正确行为指导等问题，简单说就是不具备职业水准和素质，就不应当进入教师队伍当中，或者没有资格继续居于教师行列当中。我们的教师准入制度的门槛在哪里？监管在哪里？教育部门如果对事关千千万万孩子成长的教育监管，总是停留在事故之后亡羊补牢式的排查甚至推脱，制度形同虚设，审批管理流于形式，监管漏洞百出，不能防微杜渐，那么虐待幼儿之类的教育丑闻将会频繁上演。

教育部门究竟在干什么？

呜呼，我说不出话。套用鲁迅先生的一句话结束本文：救救孩子！

生命教育

申请书

亲爱的爸爸妈妈，班主任老师：

你们好！

我知道，你们最近都很忙，我也不知道我是否有勇气把这个申请书交到你们手上。或者，即使我交了，换来的只是你们不可思议的表情或者咆哮如山洪的声音。或者，根本就是不屑一顾，当我放屁。

爸爸，记得你临出差前问我的话吗？你说："儿子，你的理想是什么？"我当时没有回答，你可以理所当然地认为我没有理想，但实际上我有的。至少，我是有想法的。

我的理想，就是和最心爱的女孩一起生活，哪怕是以砍柴、拾破烂为生，我也愿意和她在一起。我知道，你已经在嘲笑我的胸无大志了。但我不禁想问，那些远大的志向真的那么重要吗？考重点高中，读重点大学，甚至远渡重洋念哈佛耶鲁牛津剑桥……十几年最美好的青春都花在上学的路上，最终也只是找一份工资高一点的工作，有意义吗？就算做个总统，还不是说着言不由衷的话，戴着伪善的面具，花着老百姓交的钱，每天上蹿下跳的，还整一大堆人没有工作。就算做个科学家又能怎么样？诺贝尔发明了炸药，却让全世界生活在恐惧中，就算他有一万个伟大的贡献，也抵不上一个罪恶的创造。爱因斯坦，全球公认的牛人吧？他创立的原子弹理论随时让我们地球玩完。卡尔·本茨兄弟俩发明了汽车，让人类的交通大大方便，可是由此造成无尽的钢铁的开采、冶炼，汽油的开采、污染；还有为了争夺能源发生的无数战争，多少血泪？多少家破人亡？这个世界，哪一种破坏不是有远大理想的人干的？地球被他们搞得乌烟瘴气了，他们又去破坏外太空，什么时候消停呢？

不当科学家也可以，做个老师？天天给学生讲课本？考试？改作业？或者下班开辅导班？有意思吗？说不定还教出很多希特勒和爱因斯坦出来，又搞个什么星球大战，搞个什么弹出来，那不是祸害人类？

当作家，像莫言前辈那样吗？750万元的奖金据说都买不起北京的房子，他的签名的书据说网上要几万元一本，据说山东还要投资多少亿搞一片高粱地供人们参观。我记得高粱是一种食物吧？和大米一样，拿来吃的。又据说湖北搞了一个什么雕塑，一男一女用很费力的姿势接吻，还没有穿衣服，立在广场，官员说那叫《丰乳肥臀》，这就是当作家的最高境界吗？我想这也不是莫言老师期望的吧？

那你们说说，还有什么配称得上远大理想的？只要真的有用，我一定努力。但我认为人类真的没有什么是崇高的事业，就算是除恶扬善也不算什么。那么多的恶除得完吗？只会越除越恶。你看古代拿刀拿木棍打架，现在用枪炮、炸弹，不是吗？又说"扬善"吧，有多少慈善不是伪善，不求回报？就算你真心做善事最终也可能被说成炒作。去年那个抱起小悦悦的婆婆不也被说成是炒作吗？还说她想进演艺圈！别拿演艺圈污辱婆婆好不好啊！

说了这么多，我只是想告诉你们我没有远大的理想的原因。

现在在学校，每天无非是上课、作业、考试、排名次，除了这些，我们还有什么？老师也说我不快乐，以为你天天对我凶。我承认，老爸你有时候生气真的很凶，但那不是我不快乐的真正原因。我不快乐是因为我不知道我有什么值得快乐的。读书、学习，为什么要读书、学习呢？为了高分、排名？为了让兄弟相残？重点高中就那么几个，总有人考不上吧？就算考上了，一路顺风顺水，获得博士学位，最终还不是很多去《非你莫属》求职，然后到《非诚勿扰》去求婚找对象，有意思吗？

与其那样，我还不如现在找一个女朋友，带她去浪迹天涯，与世无争。现在找比将来找更靠谱，不是吗？

所以，我申请退学，我不想把我的理想葬送在这无聊的作业和考试中，少我一个，就多一个学位，多一个兄弟考上重点高中、名牌大学。

我认真思考了，我这种高智商的人一旦有了远大的理想是很可怕的，万一我将来成了希特勒，成了诺贝尔，成了爱因斯坦或者成了莫言，那对于人类必然是灾难！！！

申请人：冯邵一

2012 年 10 月 19 日

这是微博上曾广为流传的一名 10 岁学生的作文，看后让我这个高中老师震撼，甚而感动，最后惭愧。肖川在《生命教育的三个层次》一文中写道："在应试教育日甚一日的今天，教育的真义被遮蔽了，教育的真正价值失落了，教育成为'训练'的代名词，成为塑造'单向度的人'的工艺流程。我们的教育无助于对学生生命尊严的提升，有愧于学生生命尊严的失落。"我们没有这个小学生明白，我们应该向他致以崇高的敬意。"十几年最美好的青春都花在上学的路上，最终也只是找一份工资高一点的工作，有意义吗？"要我来回答，我会说，的确得不偿失。可是同样我会告诉他，这不是教育的全部意义，之所以让孩子产生这样的看法，这是我们对教育本真理解的偏差和实施的错误。

这让我忽然想到了一个词：生命教育。

生命教育是美国 20 世纪 60 年代作为社会中的吸毒、性危机、自杀、他杀等危害生命的现象的对策而出现的，最初是以死亡教育的形式出现的，通过生命教育唤起对生命的热爱，消解对生命的威胁。1968 年，美国学者杰·唐纳华·特士开始倡导和实践生命教育思想，这一思想很快发展到许多国家和地区，形成一种新的教育思潮。肖川教授对生命教育有一系列深刻的论述，我颇以为然。我们从出生以来，度过短暂的童年之后，有将近二十年甚至更长的时间在接受各种各样的教育，可是我们从来没有追问，我们的教育究竟是为了什么？

中国是一个受传统文化浸淫太久的国家，传统文化中"学而优则仕""万般皆下品，唯有读书高""书中自有黄金屋，书中自有千钟粟，书中自有颜如玉"等功利化读书的思想观念已经深入人心，并且随后教育又被统治者利用，成了统治者钳制思想、牧养人民的工具。

所以我们的教育从一开始就只是一个工具，而大大地忽略了教育的主体——人。人因为有生命而有思想，而有创造，而有发展，而有无穷的希望和未来。教育最应该关注的是生命的质量，教育应该是为了人生更美好、生命更有意义、活着更快乐而存在。肖川说，"真正的人道教育，不仅要对学生的升学考试负责，更要对学生一生的生命质量负责，要为学生的幸福人生奠基"，"教育是为了生命主体的自由和幸福所进行的生命化的教育，是真正充满活力的人的教育，是引导人生走向美好和完善的教育"。

当我们的孩子从课堂上获得思维的开启、思想的碰撞，进而获得生命的提升的时候，他们还会厌学吗？当我们的孩子在学校里享受的是生命的自由舒展，是师长们敦厚的灵魂润泽的时候，他们还会愁眉苦脸吗？当我们的孩子从父母那里得到的是对于知识与真理的敬畏，是对成长与进步的欣慰的时候，他们还会厌烦吗？我们必须反思我们的教育，我们要让孩子们懂得，读书、写作业、考试等都不是我们受教育的全部，庸俗的物质主义和享乐主义更不是读书的目的，读书是一种生命存在的方式，要静静地去体会，去感悟，去涵养。读书是为了呵护生命的成长，如果说我们的生命是一颗小芽，读书和学习就是阳光和雨露，我们读书的目的就是要让生命更厚重，让生命深深地扎根于人类历史的土壤，茁壮成长。

而读书更不能仅以考试的方式来进行检测，这是体制之殇。当读书与功利相捆绑的时候，已经失去了其润泽生命的意义。科举取士在中国源远流长，但最终因其僵化腐朽而被抛弃，科举制度最大的问题在于对人精神的钳制，即用书本将人异化为工具，因此在数千年的封建文化中"学而优则仕"成了士子精神之空中挥之不去的阴霾。那么今天呢？我们是否该反思教育之殇呢？让教育以成就个体生命为旨归，以获得生命的敞豁为目标，解放生命，用知识来武装生命，升华生命。告诉孩子，远大的理想应该首先是个体生命的成全，即追求个体生命的幸福。这种幸福应当是超越物质羁绊的一种精神富足。10岁的冯邵一说要与自己心爱的女孩生活在一起，这就是一种生命成全，虽然缺乏理智，但依然值得我们赞许。这是孩子自我觉醒的表现，与心爱的人相依相伴一生难道不可以吗？虽然冯邵一所举诸如爱因斯坦、莫言的例子是孩子气的，但是也有其真知灼见，让我们看到了长期的功利教育产生的一种负面影响，连孩子都这么想，那我们大人是否该好好冷静反思一下呢？

让教育重提"生命"二字，为"生命"而教，为"生命"而育！

"一心扑在教学上"?

　　对于教师的赞美，我们经常喜欢用一句话——他"一心扑在教学上"，好像只有如此才能概括教师的敬业程度和奉献精神。可是，近日读了一些活跃在当代基础教育领域的名师——如严育洪老师、吴非（本名王栋生）老师、张万祥老师、张康桥老师等——的著作，这些老师对教育的真知灼见，对教学的独到解读，对教师生命价值的卓越体会都让我深深叹服。这些老师现在或者曾经都是基层的一线教师，并且都是出色的教师，他们对教育怀着宗教般的虔诚，将自己的生命融入了教育教学之中，堪称"把心交给了教育事业"。但是他们不是仅仅囿于"教学"、被琐碎的教学绑架的人，他们将自己的职业生命定位在更高的起点上，跳出了"教学"的圈子，用更加深刻的思考、更加宽阔的视野、更加勤奋的姿态且行且思，教而思，思而著。于是因为他们的思考，因为他们的文字，我们从此打开了一扇窗，开始从他们的行动中窥见教育的真谛，开始学会站立着教书而不是"跪着"教书，开始思考自己的职业生命，开始重估教育的意义和价值。

　　在我的周围并不缺乏"一心扑在教学上"的同事，他们勤勤恳恳，兢兢业业，爱学生胜过爱自己的孩子，教学中更是倾尽全力；他们是优秀的教师，学生喜欢家长赞誉，对这些同事，我总是充满敬意。可是我有时候又想，如果这些同事能够站得更高一点，思想更多一点，视野更广阔一点，如果他们能够在教学之余将自己的思想和实践整理出来分享给更多的人，那么集思广益、集腋成裘，我们就会得到更多的思想碰撞，收获更多的实践经验，超越时下的烦琐，成就一种别样的教育生活，而我们的基础教育也会因为这些一线同事的思想和实践而多了一份从容前行的自信。一个人投身教育五十年，最后却将自己一生积累的教育智慧带进棺材，那将是我们教育生命的莫大损失。

"立德、立言、立功"自古以来就是知识分子自我实现的途径，作为一名教师，我们是否可以在成就学生的同时也获得自我生命的成长呢？我极其赞同李镇西老师的话："我们不能仅仅向学生奉献心血、青春乃至毕生的年华，不能仅仅因学生的成长和成功而喜悦，我们还应该在教育学生的同时，提升自己的事业境界和人生品位；在学生成长和成功的同时，我们自己也应该不断成长并走向成功，从中体验到人生的快乐，为自己的生命喝彩。""一心扑在教学上"是没错，但是不能仅仅"扑在教学上"，我们还要分出一部分的心思和精力来生活、阅读、钻研、思考、记录，将自己的教育实践汇聚成一条日夜不息的河流，将智慧凝聚到教育生活的每一天，忠实地记录学生的进步和自己的成长。我们的思考也许是肤浅的，我们的实践也许是稚嫩的，我们的声音也许是微弱的，但是从教师职业的一生来看，我们成长的过程不就是一笔宝贵的财富吗？即便是我们失败的痕迹为后来者提供些许的"前车之鉴"，不也是极其有价值的事情吗？为什么要让我们如此辉煌的一生随着我们的逝去而湮灭呢？为什么要让我们的生活只能湮没在无尽的琐碎之中呢？为什么要让我们的生活显得那么没有创造性呢？其实我们的每一天都是充满挑战、充满创造的，因为我们从事的是成就生命的事业啊。

这一切想想都令人无比兴奋，我们理应凝视、观照、记录，甚而思索、扶持、引导、成就。当我们随着一个个年轻生命的绽放而越发让自己趋向成熟睿智的时候，当我们随着职业生涯的推进逐渐从教书匠提升为教育家的时候，那何尝不是职业生命的涅槃呢？为什么我们只能做"蜡炬成灰泪始干"的红烛，为什么我们只能做"春蚕到死丝方尽"的蚕蛾，其实我们可以做思想者、实践者、写作者和成功者。

教育之路漫漫，我们理应慢慢走啊，好好欣赏啊，好好记录啊！

"严师" 易当，"明师" 难做

最近办公室的老师们都在讨论一件事：江西省抚州临川二中高三学生雷某因不满班主任孙老师的严格管理，产生积怨，在办公室将其杀死。网络上有好事者将孙老师遇害的现场拍照上传，其血腥程度让人不寒而栗。孙老师1981年出生，2008年研究生毕业后进入临川二中工作，担任化学教师，女儿未满周岁。据该校高三年级一名学生称，孙老师对学生很好，对工作很敬业，授课很受学生欢迎，曾辅导学生参加全国高中化学奥赛获省级一等奖。一位优秀老师就这样凄惨地死去，让天下教师情何以堪？

回看这一弑师案，情由是如此简单：据报载，雷某在课堂玩手机被班主任孙老师收走，孙老师要求雷某叫来家长，将手机直接交给家长；第二天，雷某到一位副校长办公室反映情况，经过说服协调后离开，约3小时后，命案发生。

也许这个案子有其特殊性，不能武断地上纲上线。可是孙老师面对的教育情境不是我们每位老师每天都会遇到的吗？我们三令五申不能在课堂上玩手机，可是手机总是禁而不绝，我曾经为此很是苦恼，尝试过各种管理手机的办法，可是收效甚微。我也曾经想过"堵不如疏"的方法，费尽口舌跟学生讲手机的危害，可是学生依然我行我素。以常理而言，孙老师的处理方法虽不是最好的方法，但也并无不妥之处，那么何至于在办公室里喋血呢？

笔者只能感叹一句："严师"易当，"明师"难做。

古语道：严师出高徒。所以一直以来，我们都认为要严格要求学生、严厉批评学生、严肃面对学生，"严"是教育的题中之义，是理所当然的。殊不知，我们片面地理解了"严师"的含义。教育是引导灵魂的工作，面对性格各异的孩子，我们不能一味"严格、严厉、严肃"，尤其是那些性格和心理都迥异于一般人的孩子（我们习惯把他们看作学困生），我们更应该"特殊对待"，寻找适合的切入口进行教育。其实我们要求每个学生都上大学甚或上名牌大学是不可能的，也是不现实的。用"一刀切"的管理方式来面对不同家庭不同背景不同个性的人，这本来就是不科学的。在现实的教育生活中，我经常因为"纵容"学生而被领导批评，对此我也深感压力，可是我始终认为，做个"严师"是容易的，但是不加区别的教育方式绝对是武断的，冷酷的，无效的。比如，学校要求每个人都穿校服来学校，可是有的学生因为校服洗了没干就没有穿，于是班平分被扣了，有的学生为了不被扣分，就穿着湿校服来上课。如果在两者之间选择，我宁愿被扣分也不愿让学生穿着湿校服来校。

因为我想成为一个"明师"，睿智、明断、有爱、儒雅。我想成为一个有爱心、有思想、有方法、有能力、有魅力的老师。我曾经给学生讲过这样两个故事，我告诉学生，我经常以这两个故事来警策自己，反思自我。

第一个故事是女作家三毛和数学老师的故事。三毛13岁时，数学成绩并不好，她觉得老师上课看她的眼神非常冷淡。数学老师的这种冷淡使她的数学成绩始终好不起来。敏感的三毛一上数学课就头昏脑涨，甚至觉得数学老师的眼睛像小刀一样充满了杀气。后来她发现老师每次出的小考题目都是从课本后面的习题中选出来的，于是她就每天把题目背下来，由于记忆力很好，那阵子她一连考了6个100分。 这样的小把戏很快就被智力、经验和能耐比她高得多的老师看穿了，老师把三毛喊到办公室重新做一些不同的考题，一下就戳穿了三毛的把戏。

为了惩罚三毛，老师当着全班同学的面用墨汁在三毛眼睛周围画了两个黑圈，同学们看到三毛的样子顿时哄堂大笑。下课后，老师还让三毛带着这两个黑圈到操场上走了一圈。三毛在这样的侮辱下，心理出现了严重障碍，"器官全部封闭起来"，再也不能去上学了，只能缩在自己的世界里。从13岁到20岁，七年中三毛只和三个人说话——爸爸、妈妈和教她画画的顾福生先生。

另外一个是女作家席慕蓉和数学老师的故事。席慕蓉读初中时，国文出奇地好，曾在年级的国文阅读测验中得过第一名。但数学相当糟糕，面对数学课本，就像面对天书，数学老师教的东西，她没一样能懂。她戏称自己为天生的"数学盲"，并且断言这种盲永远无药可救。

她跌跌撞撞地读到初三时，数学要补考才能参加毕业考。她知道事态的严重，却无法左右事态的发展，只好整晚不睡觉，把一本《几何》从头背到尾。第二天上数学课时，老师讲到一半，忽然停下来，在黑板上写了四道题让全班演算。这没头没脑的四道题在下午补考之前出现在黑板上，又与正在教的内容毫无关系，再笨的学生也明白老师的良苦用心。

于是，席慕蓉忽然就成了全班最受怜爱的人，几位同学边笑边叹气边把四道题的标准答案写出来教她背。她背会了三道，在下午的补考中得了75分，终于能够参加毕业考，终于毕了业。后来，初中最后的那堂数学课连同数学老师关切和怜爱的眼神，一并成为席慕蓉生命中温馨美丽的记忆。

故事中三毛的数学老师可谓是"严师"，要求严格既是教育教学的一种内在规定性，也可以是教师个人气质和风格的表现。问题是教育的严格必须有爱心、宽容和智慧做支撑，否则就失去了教育教学的意义和价值。席慕蓉的老师则是一位"明师"，学生是发展中的学生，是成长中的人，不可能不犯错误，不可能没有缺点；学生有自己感知和理解世界的方式，他们不可能像成人那样，更不可能像老师那样看待世界。因此，对学生的严格要求必须建立在尊重学生的人格、尊严和权利的基础上，同时还需要教育智慧和教育艺术相伴随。

这两则故事时刻警醒我，缺少教育的爱心、宽容和智慧，严格会走向严厉、严酷，会演变成为一种教育的野蛮和粗暴；真正睿智的老师要如同一盏明灯，用温和的光亮照耀学生的精神世界，不断导引学生走向真善美的彼岸。爱因斯坦曾说过一句颇为深刻的话："只有爱才是最好的老师，它远远超过责任感！"

我们为孙老师的遇害表示难过，对学生雷某的行为表示愤怒，但是我们都是老师，我们不能因为这样的个案就失去教育的信念，倒是需要深刻地反思自己每一天的教育生活，切勿让悲剧重演。

升华 生命

人生的每次成长如同从驿站出发，最初的驿站名字叫作"家庭"。不要总说教育无能，因为教育的长度必须从"家庭"这个源头算起。父母有责任和义务让孩子成长为一个生理健康、精神刚强、灵魂尚美的人，否则就是对生命的亵渎。

父母好好学习，孩子天天向上

那是星期三下午第三节课，9 班 L 同学的家长来到办公室，带着他的孩子，L 上学期因为抽烟、打架等多项违纪"恶迹"被学校勒令退学。因为 L 在学校是响当当的调皮大王，所以对于这个孩子，我们几个班主任都是心有余悸的。

这个孩子成长在单亲家庭，一直跟着妈妈生活，性格桀骜不驯，行为习惯极差，对学习没有任何兴趣，在学校里的全部心思就是整天想着搞点什么"名堂"，学校对其做出这样的处理也是无奈之举。可是当我看到他的家长处理问题的方法时就忽然明白了，这个孩子即便在学校再待二十年也很难有成就，因为家庭给他的影响太坏了，他的个性和习惯，以致心理、价值观等都被这个家庭严重扭曲了，学校教育很难教好这样的孩子。

首先是他的妈妈，对着我们年级组长哭诉："我只想让他把高中混完，他的舅舅在部队，将来高中毕业就去当兵，然后给他弄个军校读读……"她说这番话的时候，孩子就在身边，可以想见，这个妈妈应该在孩子的耳边不止一次地提到这个"混完高中"的"伟大"想法，提到这个神通广大的舅舅。孩子在这样的教育中如何建立自我的成就意识，如何懂得为自己做点什么努力，反正他只要混就可以了，反正他有舅舅，母亲用这样无知的方式让孩子失去了任何奋斗的想法。孩子变成今天这个样子，妈妈首先要负责任。

　　他的妈妈哭诉完没多久，他的姨妈来了，看见孩子在母亲的身边哭泣，马上就在办公室咆哮起来："学校怎么能这么对待学生，难道不知道孩子是有自尊的吗？为什么要让孩子这么没面子呢……"听她这一说，孩子在身边哭得更厉害了。更可以想见，这个姨妈有多少次以自尊的名义去包庇孩子的过错，去推卸孩子的责任，这个孩子桀骜不驯的性格的形成这个姨妈也是要负一定责任的。她根本就不知道，自尊是建立在自强自立的基础上的，当一个人没有自强没有自立甚至没有自我控制能力时是没有权力去谈所谓的自尊的。面子是靠自己挣的，不是别人给的。为了不驳孩子的面子就去包庇和纵容孩子的错误，最终只会培养出"我爸是李刚"的社会害虫。

　　想起李镇西老师给学生家长的一封信中提到的一句话：父母好好学习，孩子才能天天向上。在从事教育工作的这些岁月里，我看到有多少孩子是生生被父母毁掉了。首先，父母不能用良好的行为习惯和卓越的人格魅力去影响孩子，反而给孩子树立了极坏的榜样。耳濡目染下，孩子渐渐失却了纯洁善良的本性，变得不可理喻。父母发现时不首先检讨自己，而是态度粗暴地责备孩子，甚而责备老师和学校。其次，很多父母从来不亲近书本，更不愿意主动学习，而是将大把的业余时间花在觥筹交错和麻将桌上，这样的父母是令人痛心的，更是值得可怜的，因为他们应该对孩子的失败承担全部责任。

　　又想起刘建琼老师的一句话：农村出生的孩子在成长中一定会比城市孩子心智健全，因为农村的孩子还没有在父母身上学会庸俗和市侩的时候他就长大了，而城市的孩子过早地被父母庸俗化和市侩化。这句话不一定准确，但是确实道出了城市家庭在孩子教育中出现问题的部分原因。父母只有活得高雅，活得朴素，活得有追求，才能让孩子不那么庸俗，当大人总是用功利的目标来诱导孩子的时候，孩子必将变得尖刻无趣，而这样的孩子一生都难以脱掉身上散发的低级趣味。

　　由此，让我们再一次细细品味这句话：父母好好学习，孩子才能天天向上。

珍爱上帝的赏赐

　　随着而立之年的到来，哺育下一代就成了一件十分迫切的事情。近些时候纷纷传来大学同学喜得贵子的消息，他们纷纷在空间里晒自己一家的幸福照，两张年轻的脸映照着粉嫩的新生命，着实让人羡慕；加之月前弟弟喜得千金，更是让我感到无形的压力了。

　　生儿育女应该是人生中的一件大事，孩子是上帝赐给我们的礼物，想想两个陌生的男女在茫茫人海中相遇相识相爱，然后在一个恰当的时候父亲的精子和母亲的卵子结合了，从此一个生命开始了漫长的孕育；一朝分娩之后，一个鲜活的生命落地生根，传承着父母的血脉，延续着父母的精神气质，代表着崭新的希望和未来，开始了漫漫的人生征程。两个生命结晶成为一个生命，想起来这是多么激动人心的事情啊。

　　因为教师职业的缘故，我接触了太多父母离异的孩子，他们身上或多或少有着异于一般孩子的地方，比如孤僻、内向、抑郁、懒散、柔弱等等。每每和这些孩子打交道时，我都无法抑制自己的悲悯之心，他们都是父母的孩子，我想在他们呱呱落地的一刹那，都曾给一对年轻父母带来过激动和喜悦。对待上帝赐给父母的礼物，每对父母都应当万分珍惜，创造生命也许源于偶然，但是养育和呵护一个生命的成长绝对是需要爱和智慧的，父母任何一方的懈怠对下一代的呵护和培养都是不道德的。孩子是张白纸，带着一颗赤子之心投入到父母的怀抱，父母对其投入全部的爱与关怀是毋庸置疑的。而人的生命的成长除了生理意义上的长大之外，更重要的应该是精神与灵魂的成长，父母有责任和义务让孩子成长为一个生理健康、精神刚强、灵魂尚美的人，否则就是对生命的亵渎。这就需要父母和孩子一起成长，用智慧和爱来唤醒蒙昧的孩童，呵护稚嫩的心灵，引导迷茫的生命，而不能不学无术，顽固不化，甚至武断专制。

近来阅读罗炜所著的《好家长是这样炼成的——一个"三心"妈妈的"歪打正着"育儿经》一书，还未为人父的我被书中叙述的生命哺育过程深深打动，呵护和培养一个生命的成长是多么琐碎艰难而又充满幸福和快乐的事情啊。孩子最后成长为一个什么样的人，七成来自父母的培养，溺爱的父母培养不出独立的孩子，暴力的父母培养不出温和的孩子，冷酷的父母培养不出善良的孩子，自私的父母培养不出宽容的孩子，低俗的父母培养不出高雅的孩子，虚伪的父母培养不出笃实的孩子……为人父母是一项比生命本身更需要探索和学习的事业。

作为一个教育工作者，在面对学生的时候，我经常换位思考，回想自己这个年龄段时的成长状态，尽量以一种更务实的心态面对学生的成长，给学生以我能够给予的关怀和帮助。回想的过程中，我经常遗憾自己成长过程中因为这样那样的原因所造成的一些无法弥补的缺陷，我想，如果我的父母和老师在适当时候能够敏锐地洞察到这些，也许我的生命可以趋向更加完善和完美。我的这些缺陷直接影响到我当下生活的质量。罗列几点：第一，我的右脑功能不够发达，所以对数字、方向、逻辑等表现得异常薄弱（诸如出门经常迷路，我曾经努力克服，做过一些针对性的训练，但是收效不大）。如果父母和老师能够在我2~3岁脑发育的关键期，在适当时候注重我右脑的开发，也许我会成长得更健康。第二，我生性怯懦，属于典型的黏液质性格。

如果在初高中阶段，父母和老师能够适当培养我向外追求的性格，给予我更多的激励，也许我的创造力会比现在好一些。当然，这些所谓的缺点纯属自己以教育视角来向内观照的一点反思，我并没有埋怨我的父母和老师，相反我要感谢他们。我的父母都是淳朴的农民，他们用人类最质朴的方法教给我自由、善良、宽容、慈爱、勤奋、坚强、感恩等优秀品质，让我现在可以堂堂正正地站在讲台上，信心十足地向我的学生传达我对人类生命和人类所创造的文化的认知，让我可以努力地追求成长为一个灵魂纯粹的人，成长为一个崇尚真善美的人。

　　如果我有一个孩子，我希望他健康，我会尽到为人父的责任，用人类美好的德行熏陶他，用笃实的精神感召他，用悉心的呵护关照他，用勤奋的态度影响他，用科学的方法培养他，因为从教育最本质的意义上来说，每个孩子都是"天才"。

用最朴素的心引领孩子

莫言获奖的余温仍未散去，时间已经跨过了 2012 年，勇猛地走向 2013 年了。时间是一个严肃的裁判者，让世间任何功名富贵在喧嚣之后最终尘埃落定，归于平凡与朴素。生活中的很多现象也只有在沉寂之后我们再来思考，才会更加客观，更加深刻，更加醇厚而悠长。

西方有句格言："好母亲，好孩子；好女人，好未来。"莫言在抵达斯德哥尔摩的当天就在瑞典文学院发表了演讲，题目是《怀念母亲，做个讲故事的人》。演讲中莫言首先就提及自己的母亲，称母亲是"生命中最重要的人"。对于莫言的母亲来说，能把自己的孩子培养成为诺贝尔奖的获得者，这应该是无上的荣耀，这位普通的农村妇女有生之年虽然无法看到自己的孩子获奖，享受子荣母贵的幸福，但是相信她泉下有知，也应该是含笑的。

莫言在演讲中讲到母亲对自己的教育，他深情地说："我站在大地上的诉说，就是对母亲的诉说。"那么母亲究竟教给了莫言什么？我们应该向这位伟大的母亲学习一些什么？

莫言回忆道：

我是我母亲最小的孩子。我记忆中最早的一件事，是提着家里唯一的一个热水瓶去公共食堂打开水。因为饥饿无力，失手将热水瓶打碎，我吓得要命，钻进草垛，一天没敢出来。傍晚的时候，我听到母亲呼唤我的乳名。我从草垛里钻出来，以为会受到打骂，但母亲没有打我也没有骂我，只是抚摸着我的头，口中发出长长的叹息。

家里最珍贵的东西被孩子打碎了，母亲却"没有打我也没有骂我，只是抚摸着我的头，口中发出长长的叹息"，给了莫言永难忘怀的惩戒。这就是——让孩子知道父母的痛苦，并为父母的痛苦而生出怜悯之心。现实生活中，做父母的总是习惯于将最好的给孩子，为孩子创造最好的生活条件，却将生活的艰难与苦痛默默地扛下来，牺牲精神令人敬佩，可是对于教育子女来说，我觉得这是一种失败的方法。时下生活中为什么有那么多不懂感恩、冷漠自私的孩子，与父母的这种教育方法不无关系。"爱孩子是母鸡都会做的事情"，父母对孩子的爱要换来孩子对父母的爱才有价值和意义。父母要让孩子知道自己为生活打拼的艰难，并且懂得一粥一饭都是来之不易的，都是父母用汗水换来的。当孩子看到父母的艰难，进而懂得心疼父母，爱的意识就开始萌芽了。父母要培养孩子爱的意识，进而让孩子形成爱的能力，最后使孩子成长为一个充满大爱情怀的人。只有充满大爱情怀的人，才有望爱家爱国爱民爱天下，成为社会的栋梁之材。莫言作品中那种悲天悯人的情怀，那种为天下苍生呼号的使命感和责任感，也许就是来源于母亲那轻轻的抚摸，那一声长长的叹息。

莫言讲的第二个故事是：

我记忆中最痛苦的一件事，就是跟随着母亲去集体的地里捡麦穗，看守麦田的人来了，捡麦穗的人纷纷逃跑，我母亲是小脚，跑不快，被捉住，那个身材高大的看守人扇了她一个耳光。她摇晃着身体跌倒在地。看守人没收了我们捡到的麦穗，吹着口哨扬长而去。我母亲嘴角流血，坐在地上，脸上那种绝望的神情让我终生难忘。多年之后，当那个看守麦田的人成为一个白发苍苍的老人，在集市上与我相逢，我冲上去想找他报仇，母亲拉住了我，平静地对我说："儿子，那个打我的人，与这个老人，并不是一个人。"

在我的教育生涯中，我曾经历过这样一个事情：两个孩子在学校里闹矛盾打架，双方家长都冲到学校，先是口角相争，彼此互不相让，最后大打出手，打得不可开交，头破血流。事件最后还惊动了警察，两个孩子也被学校开除。我想这样的家庭、如此的家长，永难教出宽容的孩子。而宽容是父母最应该传承给孩子的美好品质，宽容不是软弱，而是精神的广博；宽容不是妥协，而是处事的睿智。"那个打我的人，与这个老人，并不是一个人"，莫言母亲的这句话，羞煞天下多少自私狭隘的父母，也给莫言幼小的心灵种下一颗"宽容广博"的种子。莫言后来面对荣誉能够泰然处之，面对批评能够坦然接受，不骄不躁，不喜不怒，雍容大度，宽容谦和，始终保持着一份平常心待人处事，这应该与母亲传承给他的宽容品质不无关系。

电视剧《英雄无悔》中的主题曲这样唱道："除了真情，我还能给你什么？除了善良，我还能爱你什么？"作为父母，一定要教会孩子做个善良的人，更要身体力行地去做一个善良的人，只有善良才能让世间坚冰融化、大地春暖花开，才能让社会多分和谐温情。

莫言在讲话中谈到母亲的第三个故事正好诠释了善良的伟大。

我记得最深刻的一件事是一个中秋节的中午，我们家难得地包了一顿饺子，每人只有一碗。正当我们吃饺子的时候，一个乞讨的老人，来到了我们家门口。我端起半碗红薯干打发他，他却愤愤不平地说："我是一个老人，你们吃饺子，却让我吃红薯干，你们的心是怎么长的？"我气急败坏地说："我们一年也吃不了几次饺子，一人一小碗，连半饱都吃不了，给你红薯干就不错了，你要就要，不要就滚！"母亲训斥了我，然后端起她那半碗饺子，倒进老人碗里。

向这位善良的中国母亲致敬吧！如果你的孩子是善良的，我相信他即使再坏也是有限的；如果你身体力行地去做一个善良的父亲或母亲，你的孩子即使再难教也仍然是可以挽救的。善良是人称之为人的基本道德坚守，是教育的基准线。古人云："人之初，性本善。"教会孩子做个善良的人吧！只有这样，人才能行走在大地上，不愧为万物之灵长。

莫言讲的第四个母亲的故事是：

我最后悔的一件事，就是跟着母亲去卖白菜，有意无意地多算了一位买白菜的老人一毛钱。算完钱我就去了学校。当我放学回家时，看到很少流泪的母亲泪流满面。母亲并没有骂我，只是轻轻地说："儿子，你让娘丢了脸。"

家庭是社会的基石，父母是夯实基石的碾子，父母不仅要时刻告诉孩子"失去诚信是无耻的，是做人最丢脸的事情"，而且要在平日的一言一行中，时刻做好孩子的表率。父母是社会中的一分子，言谈举止难免受世俗影响，但是为了你的孩子在未来的社会里活得更有尊严，父母要坚守诚信的底线，自觉地督促自己的行为，成就孩子，也成就自己。

"望子成龙，望女成凤"是每位家长的愿望，但是要知道"龙凤"从来都是神物，离大地太过遥远，还是让孩子首先成"人"吧。善良、诚信、宽容、怜悯，这些人之为人的基本品质，正是支撑一个人站立在大地上，顶天立地、堂堂正正的主体。

当我们希望有更多的人摘得诺贝尔奖，当我们幻想自己的孩子有一天也能站在瑞典文学院的领奖台上，那么做一个如莫言母亲一样的家长吧！

《妙手仁医》中的家庭教育智慧

由美国导演托马斯·卡特主导的电影《妙手仁医》讲述了本·卡森从一名受人歧视的贫民成为约翰·霍普金斯医院的一名少儿神经外科医生的经历。本·卡森因为黑人的身份常受到歧视与挫折。儿时的他成绩很差，他一直以为自己就是一个愚钝笨拙的小孩。但在母亲的鼓励下，他学会了想象，学会了用看电视的时间去阅读书籍。在知识的海洋里，他进入一个未知的精彩世界。他用自己的勤奋获得了他人的尊重，并考上了世界著名的耶鲁大学，在那里收获了美妙的爱情。后凭借优异的成绩，进入约翰·霍普金斯医院，用自己的智慧与医德，接受种种挑战，创造了一个又一个生命的奇迹。

同样，这不是一部专门讲述教育问题的影片，但是看完之后，我却被影片中本·卡森的母亲的教育智慧深深打动。本·卡森的母亲目不识丁，与丈夫离婚后，独自带着孩子来到了底特律，给别人当清洁工，靠着微薄的收入养活自己和孩子。但就是这样一位在普通人看来不成功的母亲，却默默地给孩子满满的爱与支持，并鼓励他们"可以做得比别人更好"。

家庭教育是教育成功的关键，孩子从睁开眼睛的那一刻起就开始感受来自父母所给予的教育，这种教育以满满的爱为载体而存在，没有理由，没有条件，但是却有不同的效果。同样地爱孩子，有的父母让爱变得更有智慧，成就了一个卓越的、对社会对人类有杰出贡献的孩子，而有的父母却让爱成为包袱，将自己的一生搭了进去也难以换来孩子的认可与回报，有的甚至走向了极其恶劣的反面。近年来，孩子向父母伸出罪恶之手的案例屡屡见诸报端，让我们不得不思考，在独生子女成为主要特征的时下社会，我们应当如何做父母，应当如何教育孩子。

让我们看看《妙手仁医》中本·卡森的母亲是如何教育孩子的。

情境一：正在上初中的本·卡森是班上出了名的学困生，成绩很差，同学们看不起他。在数学课堂上，30个题目他只能得0分，受到了全班同学的嘲笑，大家讥笑他为"全世界最蠢的孩子"。一怒之下，本·卡森打了嘲笑他的同学，于是他的母亲被请到了学校，她只对校长说了一句话："我来管教他。"

于是母子之间有了如下的对话。

母亲：怎么了？你在波士顿的时候可不是这样的成绩。

儿子：波士顿要简单一些，他们才不会叫我们做这么多呢。

母亲：这并不是理由。我告诉你，你不应该这样失败的。儿子，你可以控制你的脾气，我知道你可以的。

儿子：他们叫我"笨蛋"。

母亲：你也可以提高成绩的，我知道的。

儿子：可我就是很笨嘛，妈妈。

母亲：（马上制止）不，不，你不笨，你是个聪明的孩子。听我说，听我说，你就是没有用到你的聪明。现在，如果还是这样的成绩，以后你就要在工厂里洗一辈子的地板了，我不想让你过那样的生活，上帝也不想让你过那样的生活。

儿子：好的，妈妈。

这番对话仅仅是一个母亲对失去信心的儿子的安慰吗？不，这是母亲为儿子人生前行的一次大力助推。这番话至少包含着这样几点值得借鉴的教育智慧。

第一，永远用正面的信心引导孩子。孩子成绩很差，又打了架，母亲没有劈头盖脸地责备，而是用一句"你不应该这样失败的。儿子，你可以控制你的脾气，我知道你可以的"，为孩子引导接下来的人生。父母是孩子心灵的导师，是灵魂的指航者，父母不应该传递给孩子颓废的信息、无端的谩骂，从而让孩子的生命蒙上灰色的基调，而应该用积极正面阳光的态度引领孩子，让孩子对自我对生活对未来充满信心。

第二，永远不要说孩子笨。这个世界上是没有笨孩子的，即使在孩子自认为很笨的时候，父母也要对孩子充满无限的信心，这正是本·卡森的母亲所做到的。虽然人的智商存在差异，但是从教育的本意来讲，每个孩子都有可以挖掘的潜在智慧，只是这需要父母用耐心和智慧去唤醒，本·卡森的母亲做到了。

第三，告诉孩子自己对他的期望。本·卡森的母亲告诉他："你就是没有用到你的聪明。现在，如果还是这样的成绩，以后你就要在工厂里洗一辈子的地板了，我不想让你过那样的生活，上帝也不想让你过那样的生活。"这样的告知，不但及时纠正了孩子的错误行为，还让孩子明确了以后努力的方向。现实生活中，父母经常犯的错误是用成人的标准去理解孩子，用成人的是非价值观去规范孩子，于是总是"哀其不幸，怒其不争"。本·卡森的母亲却不是如此，而是深情地告知孩子自己对他的期待，让孩子自己反省并且做出选择，这是十分明智的。

情境二：本·卡森的母亲在与孩子交流的过程中发现，孩子学习成绩不好是因为视力下降，看不到黑板上的字，母亲及时为本·卡森配了一副眼镜，这次本·卡森的成绩终于由原来的"F"上升为"D"，于是吃晚饭的时候，母子之间又有了一番对话。

母亲（很高兴地）：儿子，你及格了，为你感到骄傲哦，你是一个机灵的孩子，但是你还可以做得更好。

儿子：不，妈妈，我已经尽力了，我不知道该怎么做了。

母亲：我也不知道，但是这时候就需要你的想象力啊。

儿子：我没有想象力。

母亲：你当然有，每个人都有的。

儿子：我没有。

母亲：你有。听我说，如果我说"很久以前，有一只蓝色的小老鼠"，你就看不到一只蓝色的小老鼠吗？

儿子：看不到。

母亲（深情地看着孩子）：儿子……

儿子：妈妈，我的脑子太笨了！

母亲：你的脑子一点儿不笨……

儿子：就是很笨啊，妈妈。

母亲（摸摸儿子的头）：全世界都在你这里呢！你只需去看那些你看不到的东西。

儿子（点点头）……

几天后，本·卡森做礼拜回来，为母亲绘声绘色地讲述从教堂里听来的故事，讲到了脑海中想象的故事；母亲认真地听儿子讲完他的故事。

母亲（微笑着）：很好啊，那就是你的想象力在发挥作用哦！

儿子：但是那个（故事）好真实啊，真的好真实啊！

母亲：我说过它不真实吗？

儿子：可那本来就不是真的。

母亲：那就是为什么叫作"想象力"啦！

对孩子想象力的培养是成就创造性人才的关键，"想象力是一切创造的源泉"。时下生活中，我们的孩子越来越没有想象力，跟父母从小将孩子淹没在各种补习班等有直接关系，但更为重要的是，父母不知道如何开发和引导孩子的"想象力"，这位平凡的母亲为我们做出了示范。

第一，因势利导，让孩子懂得想象力的重要。在孩子根本不知道想象力为何物的情况下，母亲抓住成绩提升的话题，指出成绩的提升需要想象力，让孩子明白，想象力是自己生命成长中非常重要的能力，至少它跟提高成绩有着直接的关系，这比抽象的说教对孩子更有促进力。

第二，创设情境，培养孩子的想象力。教育是需要智慧的，而最深刻的教育从来都是朴素的。这位妈妈培养孩子想象力的方法是那么简单而充满智慧，她为孩子讲了一个故事，将一只"蓝色的老鼠"植入孩子的想象之中，从而为孩子插上想象的翅膀。我个人认为，运用故事是一切教育方法中最有效的方法，一个善于运用故事来引导孩子的家长一定是有智慧的，孩子的心灵需要的正是这个。

第三，捕捉时机，鼓励孩子发挥想象力。当孩子转述听来的故事时，母亲认真地听完，并且及时捕捉到了孩子想象力成长的可喜进步，及时给予了肯定，正是母亲的肯定让孩子从此改变了"没有想象力"的自我认识，意识到自己不但有想象力而且是个想象力十分丰富的孩子。本·卡森后来成为富有创造性的神经外科专家，跟母亲的这种培养有着十分密切的关系。

情境三：儿子有一天放学回来，忽然跟母亲有了以下的对话（从中我们可以看出孩子的成长）：

儿子：妈妈，我想当一个医生，一个宣教医生，就像弗特牧师讲的那样。

母亲：在你的人生中，你可以成为任何你想成为的，只要你肯为之努力，上帝永远不会放弃你！

我很为本·卡森母亲的这句话而感动，这是一句充满激励精神的话。中国的孩子有个非常奇怪的现象：小时候，当大人问到诸如长大了想干什么的问题时，小孩总是会毫不犹豫地说，科学家、作家、诗人、工程师……；等孩子上了初中，你再问孩子的时候，孩子会犹豫一下说，考上好的高中；等到了高中再问，孩子会很不好意思地说，上个大学；上了大学你再问，无非就是找个体面的工作之类。为什么我们的孩子随着年龄的增长越来越不敢谈理想了呢？我认为这与老师和家长一直以来世俗化功利化的引导不无关系。我们从来没有像本·卡森母亲那样告诉孩子"你可以成为任何你想成为的，只要你肯为之努力"，这句话体现的是一种对自我价值的张扬，是对个性化发展的肯定，这无疑为孩子提供了极大的选择的余地和发展的空间。难道成为一个卓越的流浪歌手比成为一个庸俗的人更低贱吗？我不认为。

所以，认真对待孩子的每一个提问吧！如果说孩子的问题是沙子，那么善于从沙子中披捡出金子才是父母应该具有的智慧。一句话可以成就一个孩子，也可能毁掉一个天才。

情境四：本·卡森的母亲患上很严重的抑郁症，准备瞒着孩子们去接受治疗，他临走前为孩子们布置了任务，就是把乘法口诀背熟，遭到兄弟俩的竭力反对。

儿子：那不可能的，你知道那有多少吗？那得一年才行。

母亲：我才不会让我的孩子花上一年的时间呢，你们是很聪明的。

儿子：没有那么聪明。

母亲：我只上过三年学，但是我记住了。

儿子：但是那个太难了。

母亲：努力工作从来不会有坏事的。还有，学完那些表格才能到外面玩。

儿子：求求你，妈妈，你是世界上最严苛的妈妈。

在母亲如此严苛的要求下，本·卡森的成绩突飞猛进，终于成了班里得"A"的学生之一。当本·卡森将成绩单拿给母亲看的时候，母亲的第一句话是："我就知道你一定能做到的。"

爱孩子就是让孩子懂得战胜自己。父母一定要懂得，对孩子的疼爱绝对不能违背原则，这个原则就是严慈相济。

本·卡森的母亲显然做到了这一点，她对孩子的爱没有放弃原则，没有溺爱和宠爱，有的是用心培养一个强大的孩子。目前中国家庭最大的问题就是无原则地溺爱和宠爱孩子，让孩子渐渐没有了斗志，没有了精神，最后只能成为"啃老族"。

情境五：本·卡森的母亲在一位教授家里做清洁工的时候，发现教授家里全是书，这位文化程度不是很高的母亲被一种来自书本的强大力量所震撼。回到家中之后，看到正在津津有味地看着电视的儿子们，她与儿子们再一次展开一轮对话。

母亲（关掉电视）：你们看电视看得太多了。

儿子：没有很多啊，不会比别人更多啊！

母亲：别管别人是怎样的，这个世界到处是别人，你只需要关注你自己此刻在干什么。

接下来，母亲做出了一个规定：所有的自由时间，儿子们必须去图书馆借两本书来，到了周末，就交一篇读书报告给她。当儿子们强烈抗议的时候，这位母亲严厉地告诫她的儿子："如果你们利用看电视的时间来利用上帝给你们的恩赐，过不了多久，人们就会在电视上看到你们了。"

在母亲的严格要求之下，孩子们终于爱上了书本，而且一发不可收，本·卡森的成绩越来越优秀，毕业时获得了最优学生的的荣誉，最后考取了耶鲁大学，并且成为当地最著名的约翰·霍普金斯医院的一名少儿神经外科医生，在人生和事业上获得了出色的成就。

让孩子爱上书本是所有教育中最伟大的智慧，而让孩子远离不良嗜好的最好方式也无非是让他爱上读书。

　　这个世界对孩子的诱惑太大，在电脑游戏和书本之间，没有父母的督导而让孩子自主选择，那结果是可想而知的。在这点上，父母一定要有智慧有魄力，让孩子亲近书本，从而开启一扇通往生命灯塔的门窗。"别管别人是怎样的，这个世界到处是别人，你只需要关注你自己此刻在干什么。"这是一句有力的话！"如果你们利用看电视的时间来利用上帝给你们的恩赐，过不了多久，人们就会在电视上看到你们了。"这是多么独到的见解！如果每个父母都能够有这样的认识，说出这样有智慧的话，孩子怎么会听不进去？如果每个父母都有逼着孩子写读书报告的魄力，那么成就一个出色的孩子岂不是指日可待？

后 记

　　这本书是我在湖南大学附属中学担任班主任和从事教学工作时的一些思考和记录，都是一些鸡零狗碎的教育生活细节。朱永通先生在其《教育细节》一书中说："教育细节不是一件件事情的简单堆砌，也不是对诸事吹毛求疵，它涵盖了你对生活和世界的热度，它的背后藏着你的情感和价值观。"我的这本书中毫无高深的理论，全是教育生活中鸡零狗碎的细节，有些甚至不乏堆砌之嫌，但是每个字都饱含着我对教育的真挚情怀和朴素坚守。

　　2014年暑假，酷暑难当，我在自己的寓所里挥汗如雨，将这些"鸡零狗碎"整理出来，既是对过去三年的总结，也是对自己教育生命的承诺。三年的教育教学生涯在一个教师的一生中也许是短暂的，但是就如同一个孩子的成长，最初的蹒跚学步和牙牙学语对其以后的成长有着至关重要的意义，我正是从这样的出发点来定位自己这三年的班主任经历。这里面记载了我在育人道路上最初的苦痛、挣扎、彷徨、思考、欣喜、感恩、成长，这是我以后进步的基石，也是我努力摸索生命教育的见证。这些文字里充满了稚嫩的做法、无助的困惑、无奈的牢骚、愤怒的咆哮、茫然的臆想，很多想法都显得有点过于理想主义，之于严峻的教育现实而言值得同仁们交流和借鉴的地方不多，但是所有的文字都是我真实的教育生活的反映，每一个字都是我用心写就，有的甚至还饱含着我的泪和痛。三年时间，1000多个日日夜夜，我享受着和学生在一起的时刻，享受着孩子们成长与成功带给我的苦痛与欢欣，享受着用文字记录教育生活中点点滴滴的那种幸福和满足。

一直以来，我都渴望过上一种诗意与幸福的教育生活，在这种生活中，教师和学生的关系是平等和谐的，教师和学生在德业上互相砥砺，在学识上相互促进，在生活中互敬互爱。教师只是作为一个先行者，指引着学生朝向幸福人生的方向前行。教师不再是只单纯地付出和奉献，而是在成就学生的同时也实现自己的有为人生。教师不再是将自己作为祭品摆在神圣的祭坛上，而是回归真实的人生，有着真切朴素且有尊严的当下生存。师生都能够不再为单纯的功利和成绩而疲于奔忙，而是各自奋力地攀登在自己心属的领域。在我的文字中，我无数次地提到过自己的教育"乌托邦"，虽不能至，心向往之。因此，这些稚嫩的文字也承载了我的一种渴望，让我获得一种心理的富足。

在行将成书之际，双喜临门。第一喜：我的儿子嘟嘟出生了，从妻子十月怀胎到一朝分娩，我们经历了惊喜、渴望、紧张、辛劳、感动的漫长十月，儿子是上天对我最大的厚爱，让我在未来前行的路上更加充满力量。第二喜：书中所记录的这届学生在2014年高考中上线率创学校历史新高，三年的辛苦终于有了真实的回报。在学生们组织的谢师宴上，当我们师生拥抱在一起的时候，我的幸福和感动充溢心间。所以，我将这本书献给我的亲人、我的爱人和儿子，献给我的学生们，感谢生命中拥有他们，让我拥有如此丰富而有趣味的人生。

李小军

2014年7月于湖南大学北校区